元·佚名撰

宋季三朝政要

中国书店

詳校官候補主事臣郭在遠

臣紀昀覆勘

欽定四庫全書　　史部二

宋季三朝政要　　編年類

提要

臣等謹案宋季三朝政要六卷不著撰人名氏卷首題詞稱理宗國史為元載入北都無復可考故纂集理度二朝及幼主本末附以廣益二王事其體亦編年之流蓋宋之遺老所為也然理宗以後國史修宋史者實見之

故本紀所載反詳於是書又是書得於傳聞不無舛誤其最甚者謂寶慶元年趙葵趙范全子才建守河據關之議遣楊誼張迪據洛陽與北軍戰潰歸案寶慶元年葵范名位猶微其後五年范始為安撫副使葵始為淮東提刑討李全時子才乃為叅議官至端平元年滅金子才乃為關陝制置使知河南府西京留守有洛陽潰敗之事上距寶慶元年九

年矣所紀非實也其餘敘次亦乏體要然宋末逸事頗詳多有史所不載者存之亦可備參考其以理宗度宗瀛國公稱為三朝而廣益二王則從附録體例頗公卷末論宋之亡謂君無失德歸咎權相持論亦頗正而忽推演命數兼陳因果轉置人事為固然殊乖勸戒之旨殆欲附徐鉉作李煜墓誌之義而失之者歟乾隆四十九年三月恭校上

總纂官臣紀昀臣陸錫熊臣孫士毅

總校官臣陸費墀

宋季三朝政要題辭

此書不知何人所作諦觀數四葢有下喬木入幽谷之悲乎余嘗掇拾里中故老舊聞譔厓山小志二卷皆宋史所未具者藏笥中未及校行丙午夏于役金陵以前笥寓於舊館主人弗戒遂為祝融氏奪去今抵吳閶偶得此書於市肆中則勝國善本與余厓山小志互出入亦多宋史所未具者故覆梓之葢欲補史家之闕亦以寄余厓山小志未竟之意也萬歷己酉禊日張萱題於

欽定四庫全書

金昌關署

欽定四庫全書

宋季三朝政要卷一

理宗

乙酉

寶慶元年春正月壬戌朔詔舉賢良

上初即位與楊太后垂簾同聽政

上曰傅伯成楊簡先朝耆舊朕所簡記可召赴行在尋

除寶學奉朝請

潘壬潘丙謀立濟王遺書李全約以二月望日舉事為邏卒得其人并書以白彌遠彌遠改作三月且許行人以美官重賞令其以書達全至二月潘壬潘丙率太湖亡命數十人各以紅半袖為號乘夜踰城而入至邸索王言推戴意王聞變易衣匿水竇中久而得王擁至州治以黄袍加身王號泣不從不獲已與之約曰汝能勿傷太后官家乎衆許諾遂發軍資庫金帛楮券犒軍命守臣謝周卿率見任寄居官入賀而揭李全牓於州門

言史彌遠廢立等罪且稱見率精兵二十萬水陸並進人皆聳動以為山東狡謀比曉王視其士卒則太湖漁人巡尉司弓卒而已王知其謀不成乃與郡將州兵戰之其數原不滿百也王元春以輕舟告變於朝史彌遠急召殿司將彭任赴之兵至而事已平矣乃班師時全守淮安知所約失時遂叛歸北彌遠謀害濟王遣其客秦天錫來且頒宣醫視疾之命時王本無疾天錫諭上意逼王就死遂縊於州治尋下詔貶王為

巴陵郡公其後魏了翁真德秀洪咨夔潘枋相繼
上疏咸言其寃大理評事胡夢昱應詔上書言濟
王不當廢引用晉太子申生漢戾太子及秦王廷
美之事凡百餘言訐直無忌彌遠怒竄夢昱於象
州紹定壬辰沛恩宥過夢昱已死贈朝奉諡剛簡
仍官其子

詔取士先器識

夏真德秀上殿奏事勸上容受直言祈天永命用賢臣

結人心為自立根本又言三綱五常者扶持宇宙之棟幹奠安生民之柱石人而無此則生理曰絶矣國而無此則國維不張矣晉廢三綱而劉石之變興唐廢三綱而安史之難作我朝立國根本仁義先正名臣或以家法最善或以為大綱甚正陛下初膺大寳不幸處人倫之變有所未盡流聞四方所損非淺霅州之變非濟邸本志前有避匿之迹後開捕討之謀情状灼然本末可考願詔有司討論雍熙追封秦邸舍罪恤孤故事斟酌

而行之雖濟王未有子息興滅繼絶在陛下爾上曰朝廷待濟王可謂至矣德秀又奏陛下友愛之心可謂無所不至但謂此事處置盡善臣未敢仰承聖訓觀舜所以處象則陛下不及舜明甚大抵人主當以二帝三王為師秦漢而下人君舉動不皆合理難以為法上曰亦一時倉猝德秀又奏此已往之咎臣所以奏者欲陛下益進德修學以掩前失二乞收人心畧曰太平興國中秦邸事作太子太師王溥等議於朝堂者七十有四人

然後有詔裁決以大事不可輕也康定慶歷間求西師必取當世第一流宰相呂夷簡至忘讎薦進以重任不可輕也往者雲川之獄未聞有參聽於槐棘之下者又如淮蜀二閫之除皆出僉論所期之外天下之事非一家之私何惜不與衆共此收人心之一事也賞罰適平則民莫得而議今有功罪同而賞罰異者朝廷之於天下當如天地之於萬物栽培傾覆付之無心可使一毫私意於其間哉此收人心之二事也當乾淳間有位於

朝以饋遺及門為恥受任於外以苞苴入都為羞今薰染成風恬不之怪果欲息天下之謗莫若反其物罪其人則心迹暴白此收人心之三事也治世氣象欲其寬裕不欲其迫蹙曩者以訛言之籍籍有譏呵之令焉譏呵則已過矣甚至於流竄焉殺戮焉都城之民搖手相戒宜解密網達下情此收人心之四事也三言朝廷之上敏銳之士多於老成政事之才富於經術雖嘗以耆艾褒傅伯成楊簡以儒學褒柴中行以恬退用趙蕃劉

宰然前之三臣止加興数未聞聘召至於亮直敢言如陳宓徐僑皆未聞紀録顧處伯成簡於内詞置中行於經幄擢宓僑於言地德秀又奏華髪舊德之臣不獨人主賴其益朝列新進之士亦有所矜式伯成簡皆年踰八十縱使召之不至必能因囊封以進忠言又奏長人之官撫字不聞叨憒日甚上曰如何無一廉者又問何以革之德秀奏此在朝廷用舍黜陟之間示人以意上又問卿曾見有何廉吏德秀以袁守趙篋夫對御筆擢

箋夫直秘閣與監司差遣德秀手劄謝上因言崔與之帥蜀楊長孺帥閩皆有廉聲臣一時不能悉數以對乞廣加咨訪始德秀在道猶未聞濟邸之計以書達時相謂必有寡聞淺見之人託納忠除患之說以誤朝廷者不可不致察時相既惡聞其說至范村使左史楊邁來見問所欲言又遣所親諭以勿及甲申之事德秀但唯唯洎入國門都人聚觀皆以手加額葢見忌矣辭内制者四從之

寧考小祥詔羣臣服純吉真德秀言自漢文短喪至我阜陵獨出宸斷衰服三年阜陵上賓羅點建議乞令羣臣易日之後朝會權用公服黑帶朔望奉慰皆衰服行事大祥始除光宗之喪復以小祥從吉後易以升祔紹興易以小祥甲寅易以大祥二百餘年之間其制四變皆由近而之遠非自遠而之近也侂胄變甲寅之制是自遠而之近自厚而之薄可乎哉上即詔行在職事官候大祥從吉諸路依已降行

五月趙范趙葵全子才用降人谷用安之言欲乘時撫定中原建守河據關之議以聞於朝乃命趙范開閫於光黄之間杜杲力陳出師之害大略曰權衡於和戰之間無已則及守之一策蓋明深溝高壘之謂守非清野閉門謂之守也又策自治有備無患俟時而動之謂守也選擇將材揀練軍實積蓄粮食廣備舟車修全器械愛養民力懷來北人示以恩信顧吾之力已全吾之氣已盛以之而戰長驅萬里兵不留行以之而和行李一

通請盟不暇臣備員邊臣竊見沿淮旱蝗連歲薄收加以調遣無度輦運不時生聚蕭條難任征役中原版蕩多年不耕無粮可因千里饋餫師不宿飽若虛內以事外移南以實北腹心之地豈可不慮時在外諫北伐者惟公一人及師衂洛陽退師保境兵釁遂開始服公先見

六月全子才合淮西兵萬餘人赴汴以十二日離合肥

七月二日抵東京距城二十里駐兵五日整兵入城行

省李伯淵先期以書來降願與谷用安范用吉等結約乃殺所立崔立率父老來降先是黄河南舊有寸金淀乃為金人所決河水淫溢自壽至汴水深並腰行役良苦子才駐汴以俟粮嵩之不肯運粮卒致誤事南滁州路鈐轄樊平分兵以偏師下鄭州已夘趙葵以淮西兵五萬取泗州由泗至汴與子才軍會因謂子才曰我輩始謀據關守河今已抵汴半月不急攻洛陽潼關何待耶子才以粮餉未集對趙葵益督趣之遂檄范

用吉樊平李先胡顯等提軍一萬三千人命淮西師機徐敏子為監軍先令西上且命楊義以廬州彊勇軍一萬五千繼之各給五日糧諸軍以糧少為辭庚辰敏子啓行乙酉遣和州寧淮軍正將張迪以二百人據洛陽至夜踰城而入城中寂然無應者蓋北軍戍洛陽者皆空其城而誘我矣及晚有民庶三百餘家登城投降迪等遂入洛陽次日軍食已竭乃采蒿和麪作餅而食之楊義至洛東三十里方散坐蓐食忽數百步外有立紅

黄涼繖者衆方駭異而伏兵突起深蒿中義倉猝無備大潰擁入洛水者甚衆義僅以身免是晚有潰軍奔迸而至云楊義一軍已為金人大陣衝散今北兵已據北岸矣於是在洛之師聞而奪氣八月一日北軍已有近城下寨者敏子與戰勝負半之士卒乏糧遂殺馬而食望糧不至遂班師

改湖州為安吉州

丙戌

寶慶二年春詔長吏勸農桑

親饗給犒軍士

詔增價招糴

詔州縣舉遺逸之士補陳均陳文蔚官

戒州縣毋得苛取於民

贓吏經赦不許改正

戒飭省闈精考擇

上試進士賜王會龍及第出身有差

詔作新士風

梁成大劾真德秀降三官初彌遠欲去魏了翁真德秀諭意有人敢言真德秀者即除察院無人忍言之適梁成大參部聞之日坐茶肆中毀真公不直一錢或以告彌遠彌遠喜遂擢用之自小邑令除察院首劾真德秀尋以成大守建寧毀其所建宏詞坊可以据摭者無所不至遂獵取禁從為彌遠鷹犬嘗遺書所親曰真德秀乃真小人魏了翁乃偽君子此舉大快公論中外籍籍

目之為渠成犬識者非之魏了翁貶靖州六年閉戶讀書自如也

丁亥

寶慶三年春正月詔州縣勸農桑

朱熹贈太師追封信國公

雪寒上命出米以濟饑民

賑濟畿甸水災

洪洛夔召為禮部郎官尋除監察御史升殿中侍御史

彈監察御史王定定左遷夔已出臺改中書舍人王定者附史彌遠為右司郎官嘗忤胡夢昱為怪敢死者在臺與公異論公惡其奸衺故彈去之朝野驚嘆咨夔除

端明學士薨於位

救荒宜令有司申明遏米之禁

明堂詔省郊祀費

北兵破關外四川制置鄭損棄三關不守

戊子

紹定元年春正月詔諸州貢舉以得士為先

太白經天

雨雹

知潭州曾從龍置惠民倉

嚴飭和糴官吏

上命儒臣日侍經筵講經

湖南江西福建盜起

申嚴舉主舉人才悔舉法

韃靼國兵長驅而南金自宣宗時凡大河以北東至於山東西至於關峽不一二年陷没殆盡金人併力守黄河保潼關自黄河洛陽三門析津東至邳州之源雀鎮東西長二千餘里差四行院分地界守禦精兵不下二十萬民兵不在其數如是者十有五年金人不勝其擾朝廷議諸帥謹備邊上然之

己丑

紹定二年春以程珌等知貢舉

上親試舉人賜黃朴以下及第出身有差

申嚴斛面之禁

台州水

給諸軍薪炭錢

申明太學舍法

度正奏節儉事贓論人經郊方許到部參注

禁苞苴干請

詔民間二稅依時過割稅賦不許抑令折納

汀郡寇發陳韡平之晏頭陀名彪嘯聚汀郡境上殘破寧化清流將樂諸邑迫南劔帥府請於朝謂非陳韡莫破此賊時韡丁父憂詔起復知南劔州韡至州籍峽常民兵申乞調淮西精兵五千人救援淮西制置曾式中遣將陳萬以三千五百人來朝廷遂除韡提刑招捕使擊破潭飛磜諭降蓮城七十二寨賊潰夢彪降誅之

諭鄭損防遏海道

桂如琥奏屯田

庚寅

紹定三年春正月詔勸農桑令有司興水利

三月丁酉雨土

行在會子庫置監官

𣪠實二廣丁錢

四川旱命州縣賑恤

減圍田税

招瀕海漁業人充水軍慈明殿出緡錢犒諸軍

邵武寇犯建寧府劉純擊敗之

蠲被盜州縣租稅一半

江西瑞州禾稼秀而不實民間乏食

九月信國公朱熹改封徽國公

明堂缺

上飲宴過度史彌遠卧病中時人譏之曰陰陽眠爕理

天地醉經綸

辛卯

紹定四年春二月詔錄學術深邃之賢

李全平先是京東忠義軍都統制李先者亦歸朝人為樞密都統制史彌遠以事誅之李全懼有異志使其弟李平潛為諜於都堂朝議以文臣不知兵選武臣制之乃以許國換授太府卿揚州制置使移司楚州既至全入謁因與客杜耒議進見之禮耒曰彼狼子野心宜責其横挺庭參全怒殺許國屠其家國被執窘曰杜耒教我乃以藁東耒而生爇之遂叛後全圍揚州時趙葵守

城因元宵放燈全移營灣頭亦放燈葵掛榜於城曰許百騎入城觀燈閘李全喜著白袍一夕八十騎皆皂袍遊城出去一夕百騎皆紅袍又次夕百騎皆白袍葵設伏閉城盡殺之至第三年修城見金甲一帶方知全死於此

達蘭自山東通好欲假淮東以趨河南羣臣議不許度正奏達蘭兵入蜀詔諸州守臣嚴守備兵退曲赦四川軍民

襄帥陳垓奏達蘭國遣使約夾攻金詔羣臣議

追毀趙汝驥出身文字

真德秀以慶壽恩復寶謨閣待制

飭州縣科糴之弊

秋成覈實災傷蠲減

蠲紹興被水民户折麥

都城大火延燒太廟三省六部御史臺祕書玉牒所詔

求言藉田令徐清叟上疏乞爲濟王立後其略曰巴陵

有過罔克繼統陛下手足之愛可謂甚至不幸狂寇猝發陷巴陵於不義服御僭擬死有餘罪然在彼縱非在我不容不厚奪爵廢祀暫焉猶可久而不赦厥罰為甚今火延太室由陛下一念之慍忍加同氣傷和召異䟽上不報辛卯之火比辛酉之火加五分之二雖太廟亦不免惟史丞相府獨存洪舜俞有詩殿前將軍猛如虎救得汾陽令公府祖宗神靈飛上天可憐九廟成焦土時殿帥乃馮榯也人言籍籍迄不免責

壬辰

紹定五年春詔知舉陳貴誼等先器識後詞藻

二月太白經天

廷試定在四月

上親試舉人賜徐元杰以下及第出身有差

陰雨出米紓民食

蠲竹木之征三月

詔諸路監司減放旱歉

陳貴誼乞革文弊

國兵與達蘭兵合圍汴京金義宗自汴京突圍出奔歸

德府

李日邁乞詔舉廉去貪

赦盱眙改為招信軍

達蘭國遣使來議夾攻金人史嵩之以鄒伸之奉使北

地報聘北朝伸之曰本朝與貴國素無釁隙寧宗嘗遣

臣荀夢玉通和自後山東為李全所據河南又被殘金

所隔貴國今上順天心下順人心遣王宣撫來通好所以伸之等前來北朝從之仍許以河南歸本國

癸巳

紹定六年詔抑貪競

李日邁乞詔諸道隨有無勸分

置寨松江口防海道

戒飭坑治司納新錢毋許截錢納劵

二廣敷鹽之害

六月金主歸德絶糧奔蔡州金主自發歸德連日暴雨平地水數尺軍士漂没甚衆及蔡始晴復數月大旱識者以為不祥

趙葵乞經理營田

趙至道奏民間賦税宜選擇鄉司以革産錢飛走之弊

賜史宇之宅之出身

秤提見鏹流通

十月史彌遠死彌遠開禧丁卯為禮部侍郎白楊太后

誅侂胄事甚秘侂胄死而寧宗不知居數日上顧問侂胄安在否左右乃以實對上深悼之彌遠為相十七年寧宗崩廢濟王立理宗又獨立九年用余天錫梁成大李知孝等列布於朝最用事者薛極胡榘聶子述趙汝述時號四木彌遠出入禁苑擅權用事臺諫爭言其非上思其功不忘復進其姪嵩之

史嵩之為京湖制置使置司襄陽

十一月遣襄陽都統江海襄陽帥孟珙以兵四萬人至

蔡州滅金兵駐城南帥臣史嵩之運糧十萬給南北軍

甲午

端平元年春正月改元詔曰春秋正王道之端式嚴謹

始聖德開太平之路尤貴更新

元旦詔求言舉賢

十一月孟珙先薄蔡州城下時達蘭國兵未至珙攻城

甚急金主知城必破乃傳位後主閉閣自縊後主為亂

軍所害

鄭清之除左相喬行簡除右相收召人才如真德秀魏了翁諸賢時論以端平比之元祐

優恤兩淮運米人夫

賑恤三京降附

夏除真德秀吏部尚書

史嵩之上露布以八陵圖守緒骨函及參政張天綱都尉完顔好海玉帶金銀牌等來獻除知樞密院事都督軍馬

嵩之奏請經理四京有詔集議真德秀洪咨夔趙履常等爭之惟鄭相主其説
洪咨夔奏金亡而有興者
高奎奏邊事四幸四慮
詔集議和戰攻守
趙汝𣶏奏黃州六關
詔歲除主師主兵官揀汰諸軍
諸路黥隸人押赴淮襄充軍

趙立夫奏和糴利病

禁銅錢下海

袁甫奏蠲漳泉興化丁錢

詔李心傳修國朝會要

詔措置楮幣

秋除真德秀翰林學士知制誥兼侍讀

魏了翁除禮部尚書兼侍讀尋除端明同簽書樞密院

督視京湖軍馬

出内帑緡錢兑易

却歸正蕃臣獻馬

蠲放仁和地税

冬以趙范為荆湖置使鎮襄陽

九月真德秀進對上曰卿去國十年每切思賢時襄陽

代去江淮出師取三京王師果潰於洛陽退守泗州公

奏三劄一言今中原無主政是上天鑒觀四方為民擇

主之時若能修德格天必命陛下為中原之主不然則

天命將歸之他人臣向為先帝陳祈天永命之戒其說出於召公然反覆召誥一篇綱目曰敬德曰小民而已傳曰敬者德之聚儀狄之酒南威之色盤游弋射之娛禽獸狗馬之玩有一於此皆足害敬其可不戒此祈天永命之一也天之視聽因民視聽民心之向背即天心之向背權臣之末貨賂公行誅求既廣民不堪命大盜相挻而起賴陛下布端平之政一洗而新之然窒賄道而賄進者尚存懲贓吏而贓多者漏網江淮軍興調度

騷然宜戒郡縣掊刻停邊閫科調此祈天永命之二也易曰天之所助者順人之所助者信天厭夷德久矣陛下倘能敬德以迓續休命中原終為吾有若徒以力求之而不反其本天意難測臣實憂之二言進取有二難用兵莫急於人才今舉世所屬訾不數人一難也臣嘉定中嘗乞經理兩淮墾田積穀而權臣視以迂闊塞下之備枵然一旦舉兵乃漕浙米由江入淮汴既久湮又須陸運勞費甚於登天二難也夫此二難皆權臣玩愒之

罪非今日措置之失然承三十年之獘欲整治之非十年不能此正諸葛亮閉關息民之時也願以收歛靠實為主又言今日事勢猶以和扁繼庸醫作壞之後一藥之誤代為庸醫受責矣兢業戒懼尤當百倍三言戰守之論不同同於為國元祐中稟稟向治惟羣賢自相矛盾小人得以乘之願平心商搉以前事為戒上輒稱善又言士大夫狃於舊習上曰往往革面而未革心乞選監司郡守上曰閫卿所至視民如子朕甚嘉之德秀又

言悈復名義甚正但故相不曾做得工夫上曰昨讀卿所上封事可見忠誠

魏了翁奏劄曰陛下以聖智之資而為權臣所據者十年幾無以自白於天下今幸居可為之時外而百官奔走効職内而嬪御便嬖取憐或者視之必曰今日乃知為皇帝之貴也今天下太平及時為樂也臣以古今禍福觀之則陛下雖曰勢重形佚其實巍然孤立居至艱至危之地而不自覺也陛下試思之獨居深宫之中可

託者誰歟當事變遝來之時可以係天下之重者誰歟詩曰价人維藩大師維垣大邦維屏大宗維翰懷德維寧宗子維城此六者守邦之要道也又曰天下者祖宗之天下也今日之疆事天下之存亡係焉陛下其忍以祖宗天下存亡之機而付之二三邊臣聽其自然而畧不加之意乎其忍以私恩意而用之私情囑而比之乎今猜防正急卤莽特甚事關國家日夜痛心若一敗塗地而歸罪於儒生之誤國雖身膏斧鉞死無所益是以

及今懇懇言之必望聖慈見之施行不然臣之言未肯已也兵威所加凶醜言服則有之矣今敗於彭城而李全降敗於朐山而胡義降此豈人情也哉儒生與戚宦不兩立而用儒受言與聲音酒色亦異塗此重則彼輕勢使然也及督視京湖又曰臣仰體國家之急不待文檄星馳就道既而祈請錢物辟置屬官皆不能盡如初意臣之處此進退維谷矧又有難於此者乎竊意廟堂之上必以盧黄賊酋多斃賊未退而荆襄淮西之事方棘

也今已赤地千里往往行十日無炊烟以千卒倀倀乎舒蘄之南窮日之力奔馳六十里未明而行或憑鼓而閱警報一夜就寢或推枕而行文移猶慮其不及何也

真德秀進大學衍義其書首之以帝王為治之序次之以帝王為學之本莫不自心身始也此所謂綱也首之以明道術辨人才審治體察民情者格物致知之要也次之以崇敬畏戒逸欲者誠意正心之要也又次之以謹言行正威儀者修身之要也又次之以重妃匹嚴內

治定國本教戚屬者齊家之要也此所為目也首之以
聖賢之訓典次之以古今之事迹人君所當知之理所
當為之事粗見於此凡四十三卷次日後殿聚講上曰
卿所進大學衍義一書有補治道朕朝夕觀覽後德秀
輪進讀大學章句畢上諭卿所進大學衍義便合就今
日進讀

蒙古國使人入朝

乙未

端平二年春以真德秀知貢舉

天狗星墜淮安軍金棠縣其聲如雷三州之人皆聞之及相與觀則化為碎石其色紅或者以為兵戈之兆

三月以真德秀參知政事以疾辭除資政大學士提舉萬壽宫德秀奏請息民講武上嘉納之未數日薨謚文忠

安南國進方物

四月上試進士賜吳叔告等及第出身有差

詔邊臣警備
臣寮奏乞以保蜀為念
五月唐州守楊佐至襄陽稟議因言本州統制郭勝有
異志趙范先置勘院將召郭勝以鞫之會蔣應分司唐
州以泄其事郭閉城率衆射死佐於涼蕎中且密遣
人求北援反報至襄趙范乃命忠衛都統江海領兵號二
萬又命隨州守臣全子才節制諸項軍馬攝棗陽軍劉
子澄策應趙楷監軍三人皆以西師之敗咸願自奮七

月三日北兵至唐州棗林子才子澄聞之而遁十一月北兵至襄陽約六七千人下寨於桓溪山趙范出師戰於上閘口余哲兵敗喪數千人再戰勝之北兵退乃班師

臨安軍民交鬨俞元廙奏軍無紀律詔閑卒並依軍制

詔集議楮幣出度牒收兩界會子

節用以秤提楮幣

詔行覆試法陳均進長編綱目

遣使蒙古國

丙申

端平三年春正月詔勸農桑

蠲興國軍秤尺牙税錢

賜安南國王封爵襲衣金帶

駁放豪民出身

楮幣宜造十八界降黄榜措置會子

賑昭州英德府水賑襄漢水詔蠲被水州郡税

明堂行禮之夕大雨震電人以為爕理非人之咎鄭清之喬行簡並罷相尋有旨留行簡侍經筵冬再相進平章軍國重事封益國公行簡清直有人望薨於位

十二月達蘭國兵入普州順慶潼州府破成都府掠眉州一月五十四州俱陷破獨夔州一路及瀘果合數州僅存蜀將曹友聞死蜀破而淮甸有警

王瓚奏備邊之計

孟珙任四川宣撫使兼京湖制帥創南陽書院以處襄

漢流寓之士竹林書院以處四川流寓之士射單中而亦讀書頗能文尤多著述

丁酉

嘉熙元年詔趙葵措置邊事

開邊後下詔悔過

詔沿邊帥守議和戰攻守之策

詔安集淮蜀京襄

給犒沿邊將士

詔國子監刊文公通鑑綱目

許應龍除端明殿大學士簽書樞密院事

六月行都大火由巳至酉延燒居民五十三萬家士民

上書咸訴濟王寃者侍御史蔣峴史黨獨唱邪説謂火

災天數何預故王事遂劾方大琮王逸劉克莊鼓扇異

論同日去國并斥進士潘昉姓同逆賊語涉不順皆論

以漢法自後羣臣無敢言者

監簿徐鹿卿面對其畧曰臣聞至不可玩者上天之怒

心尤不可忽者斯民之疑心知所以解人心之疑則可以息天地之怒矣陛下嗣承丕緒十有四年其間災異何所不有三變為尤大辛卯之災人以為權臣專擅之應陛下方且念其羽翼之勞潛晦委重於是天怒未息而儆之以喪師失地之變三京之敗人以為諸臣狂易之致顧乃委曲諱護三年而始下哀痛之詔於是天怒未息而警之以星雷之威明禋之異人以為爕理非人之咎陛下雖能逐一宰臣然弊政宿弊大率多仍其故

於是天怒不息而鬱攸之警至於再矣火迫於開元陽

德之宫獨不之燬豈非天以彰我寧宗盛德以警動陛

下之心乎衆心之所疑也椒房之親冨顯之可也節鉞

之華不以待有功而汲汲及此恩寵先之火亦先之衆

心之所以重疑貴親懿戚人頗疑其干請之數火越兩

河而徑趍之所以愈疑也非獨四疑又有三謗政令出

於朝廷是矣然御筆時至於中書宣諭或及於要地事

關封駁不免留中名在白簡間與貼職方面置局以行

囑托每有科降椿留供費此錢此物歸之誰乎朝廷每一舉措令未至而彼亦知之每一議論未決而彼亦聞之臣以為不窒交通之路則謗不解除授出於公朝是矣然除目未頒已有謂某為某邸之客某登某人之門既而有吻合者矣除目既下則又曰某出於懿旨之叮嚀某出於御札之訓諭雖卑官小職有不能不然者矣伴食故臣生無錙銖之勞没論定策之功潛邸外姻他豈不可薄加恩數而參錯於邊方守倅之任臣以為不

杜僥倖之門則謗不解天之所以怒也佚樂不足以奪憂勤足矣邊風儆急而增置嬪妃之閤錫宴雖罷而未徹排當之常名稱不正之人得以出入宮掖臣以為不絕逸豫之謀則謗不解天之所以怒也因疑生謗因謗生疑陛下欲回天意則凡羣言之所指不必校曲直不必論是非痛自刻厲而速改之人心悅而天意解矣

十月北兵犯安豐軍知軍杜杲有備北兵至以火炮焚樓櫓隨陷隨補以巴圖硬軍斫牌杈巴圖嚕者皆死囚

為之攻城以自贖取披甲以牛羊十餘重為之設面簾以障矢公募善射者用小箭專射其目盡中之北兵填壕為二十七堧次分兵扼堧北兵乘南風縱燎俄北風雨雪驟至乃募壯士奪堧路士皆奮躍死戰北兵退池帥呂文德突圍入協力捍禦淮右以安文德安豐人魁梧勇悍嘗鬻薪於城中趙葵道傍見其遺屨長尺有咫訝之或云安豐鬻薪人也遣吏訪其家值文德出獵暮負麂鹿各一而歸留吏一宿偕見趙留之帳前在邊立

功遂至顯官

戊戌

嘉熙二年詔三衙及諸軍統制舉堪充將材二人

詔舉通曉兵財人才

春安豐軍捷書至杜杲進三秩授將作監兼淮西安撫

尋除知廬州

浙江水災遣使施惠

風雹為災

敕宥淮蜀

四月上親試舉人賜周坦以下及第出身有差時邵澤

同廷對有中貴人巡按見邵澤所磨京墨甚佳擬求之

澤與無吝色中貴曰主上三日前御苑中方建一亭命

名曰定一上曰若人用此立説取為狀元邵得其説揮

毫如飛中貴見其文字回奏曰陛下三日前方建一亭

一士人用此立説上大喜於是搜求此卷遂得邵澤欲

寘首選時已取周坦為狀元羣臣賀曰喜陛下今日得

周邵於是澤為榜眼

九月察罕擁北兵八十萬圍廬州約先破廬後造舟巢湖以窺江於壕外築土城周圍六十里穿兩壕攻具皆數倍於犯公安者杜杲與客登城四郊鐵騎極目無際北兵日夜用攢砲攻打杲恃串樓為固北兵築壩凡高於樓城杲以油灌草即壩下煉之皆為煨燼又於串樓内立雁翅七層俄砲中壩上衆驚杲乘勝出戰追躡數十里北兵遁去杲又練舟師扼淮河遣其子庶監呂文

德聶斌軍伏精鋭於要害兵遇伏不能進或曰公何以
知其必勝杲曰力守淮河以迂其道也
舉遺逸補錢時吳如愚官
放行涸補
命王禁察訪江面
詔犒擺鋪軍
較財用司殿最
趙康奏會計州縣財賦

喬行簡奏兵財分委執政

置國用房

申飭鹽課

出祠牒會子給四川軍人生券

因旱賑濟寬減

冬除杜杲兵部侍郎淮西制置使

蒙古國遣使來乃遣使報聘曹豳奏以為和議不可信

宋季三朝政要卷一

宋季三朝政要卷二

理宗

己亥

嘉熙三年詔覈州縣義倉以備賑濟

旱因旱賑恤寬減

詔蠲民三年零租

詔兩司築堤捍潮

喬行簡用元祐故事平章軍國重事李宗勉左丞相史嵩之入奏就拜右丞相嵩之獨當國一時正人如杜範游侣劉應起李韶趙汝騰等皆以不合逐去三相當國時論謂喬失之泛李失之狹史失之專然宗勉清謹守法號賢相薨於位

陳韡為建康留守斬殿司崔福福從趙葵收李全名重江淮後為路鈐奪統制官王明鞍馬又追逐總所趙監酒親屬韡委會聽戒諭然終不悛值王

步帥統師過淮乞崔福軍協力因厚遣之福遇賊不擊託言葬女而歸更不申聞大閫主帥亦無如之何韡以為從本帥調遣而蔑視軍法之如此若不明正典刑則更相傚效遂斬之既而自劾朝廷獎諭放罪時論以良將難得而韡以私忿殺之

十月虹見

風雹為災

杜杲破察罕八十萬除權刑部尚書

庚子

嘉熙四年春正月詔貢舉崇學植嚌道真

地震

星變下詔罪己

白氣亘天

江浙福建旱傷

紹興府薦饑蠲紹興府夏税

救嚴州荒

都城大荒饑者奪食於路盜於隱處掠賣人以儌利市中殺人以賣日未晡路無行人

北使王檝來先是檝請北朝與本國和好嵩之遣使至草地與檝偕來議歲幣

彭大雅使北

詔賦税苗米毋得多科取於民

秤提會子史嵩之以五折二十七界會子五道准十八

界一道

辛丑

淳祐元年正月朔詔舉文武才降詔幸學上幸太學詔周敦頤張載程顥程頤朱熹從祀夫子廟庭黜王安石從祀御書白鹿洞規賜諸生

以杜範知貢舉

戒飭殿試選職治敢言之士

四月上試進士賜徐儼夫等及第出身有差

徽州火

詔飭監司嚴禁贓吏

詔高定子修四朝國史

詔别之傑措置戰禦

詔補三衙闕額

申明常平義倉

杜範拜右相範性剛介以不阿附時相去位

曹豳奏三閫和戰之義不同

壬寅

淳祐二年賞趙武築夔城

雨雹

詔六曹寺監錢穀並上籍於朝

別之傑入覲言邊事

旌王定葉武子恬退

賜趙葵出身同知樞密院事

詔軍功就鄉舉者聽

賑濟紹興處婺水澇

劉漢弼言茶法十六事

李曾伯乞主守視

徐榮叟參知政事李公韶與宰相議不合求去榮叟曰

韶議論無阿附朝行如此士夫絶少安可去言不聽而

榮叟求去

杜杲解儀真圍功盡斅學

給諸軍雪寒錢

出米楮令安豐修武備

趙時學奏蜀事

癸夘

淳祐三年春詔科舉求有用之學

蠲高郵創収牛租

賦稅詔用十八界會折錢

賞王福等築安豐城

申嚴社倉科配之禁

召趙葵欲除右丞相葵到京言者謂宰相須讀書人葵知之乃徑出國門上表辭相位曰霍光不學無術每思張詠之語以自慚后稷所讀何書敢以趙抃之言而自解歸領鄉郡

詔撥軍箭給招信軍

置策應軍屯京口

賞何舜臣舟師策應之功

命余玠宣諭蜀

劉晉之言蜀當置閫重慶
彭大雅守重慶時蜀已殘破大雅披荊棘冒矢石竟築重慶城以禦利閬蔽夔峽為蜀之根柢自此支吾二十年大雅之功也然取辦促迫人多怨之大雅微時有富民資以金穀待以飲饌隨其所需畧無厭倦一日富民毆死一鄰人大雅奮然以身當之自入詞於官云此事是某願下獄供析富民賴之免適其年大比太守憐其才俾之就試是秋領舉併釋之次年登科官至朝郎出

為四川制置甚有威名識者謂其義氣蒲胸前程遠大已見於此矣其築重慶也委幕僚為記不愜意乃自作之曰某年某月某日守臣彭大雅築此為國西門謁武侯廟自為祝文曰大邦之卿不拜小國之大夫今大雅拜矣非拜公也拜公之八陣圖拜公之出師表也其文老成簡健如此聞者莫不服之後不幸遭敗而卒蜀人懷其恩為之立廟

蜀自丁亥失關外丙申殘破之餘所存僅數州蜀中財

賦入户部五庫者五百餘萬緡入四總領所者二千五百餘萬緡金銀綾錦絲綿之類不與焉既失蜀國用愈窘鄭損既罷朝廷用余玠彭大雅余玠者不羈之士上於布衣中擢用之入蜀作經理四蜀圖奏曰願假十年手挈四蜀之地還之朝廷然後歸老山林臣之願也上許之於是悉遷蜀郡平曠之地分治險要如合州治釣魚山之類是也在蜀十年有經理功大雅亦有勞績自玠大雅死用余晦李曾伯皆以貪謬罔功朝廷亦視蜀

為墮甑矣

呂文德總統兩淮出戰軍馬

令淮東提刑節制摧鋒軍

甲辰

淳祐四年春以金淵知貢舉

賞曹致包砌山城

建龍翔宮於中央奉祀感生帝君析居民屋宇三除之

二

申嚴州縣受租苛取之禁

四月上試進士賜留夢炎等及第出身有差

五月劉晉之除諫議大夫吕午除起居郎趙綸除起居舍人王瓚殿中侍御史龔基先胡清獻除察院

六月吕文德依舊侍衛馬軍副都指揮使兼淮西路招撫使節制濠豐宿亳等軍兼知濠州

壽春城築甫畢北兵突至植柵重橋絶港以遏援師王鑑等首調制領策應事

八月寧宗參配天地差官奏告

察院龔世基奏川蜀京襄兩淮守備及擇將選兵事劉

大諫奏維功賞以勵軍心明分義以定人心寬征賦以

悅人心

鄭起潛除權兵部尚書

戒邊將毋擅興戎

孟珙造戰車招河南八郡來歸

招江淮失業人置武勝軍

詔犒壽春解圍安豐策應將士

李曾伯爲荆湖制置使

賞萬春等招遊擊軍

史嵩之進四朝中興史

詔兩淅郡邑夏税折帛並以楮準錢

范知院再乞歸田里不允

九月項容孫除吏部侍郎葉賁起居郎陳塏權工部侍

郎陳一薦兼權禮部侍郎韓祥起居舍人

命御史監銓試

察院胡清獻奏乞禁戢兩淛和買江西運綱福建和糴

廣南丁錢擾民四弊

史彌忠薨上遺表特贈少師保寧軍節度使鄭國公仍

令有司定謚以聞

史嵩之丁父彌忠憂詔起復右丞相兼樞密使永國公

令學士院降制先是黄濤上書乞斬嵩之以謝天下劉

應起上疏謂嵩之牢籠既密則陛下之國危省元徐霖

上書言其姦深擅權上不之悟至是侍郎徐元杰上疏令其終喪史憾之上亦不聽太學黄愷伯金九萬孫翼鳳何子舉等百四十四人上書曰臣等恭覩御筆起復右丞相史嵩之令學士院擇日降制臣等有以見陛下念時事之多艱重大臣之去也臣等竊謂君親等天地忠孝無古今事親孝故忠可移於君自古求忠臣必於孝子之門未有不孝而可望其忠也宰我問三年之喪於夫子而曰期可已矣其意欲以期年之近而為三年

之喪夫子曰予之不仁也子生三年然後免於父母之懷夫三年之喪天下之通喪也予也有三年之愛於其父母乎夫宰予期年之請夫子猶以不仁斥之未聞有聞父母垂亡之病而不之問聞父母已亡之訃而不之奔有人心天理者固如是乎是不特無三年之愛於其父母且無一日之愛於其父母矣宰予得罪於聖門而若人者則又宰予之罪人也此天地所不覆載日月所不照臨鬼神之所共殛天地萬世公論之所共誅其相去

乎禽獸不遠矣且起復之説聖經所無而權宜變禮衰世始有之我朝大臣若富弼一身佩社稷安危進退係天下重輕所謂國家重臣不可一日無者也起復之詔凡五遣使弼以金革變禮不可用於平世卒不從命天下至今稱焉至若鄭居中王黼輩頑忍無恥固持禄位甘心起復滅絶天理卒以釀成靖康之禍往事可覆也彼嵩之何人哉心術回邪蹤跡詭秘曩者開督府以和議墮將士心以厚貲竊宰相位羅天下之小人為之私

黨奪天下之利權歸之私室蓄謀積累險不可測在朝廷一日則貽一日之禍在朝廷一歲則貽一歲之憂萬口一辭惟恐其去之不亟也嵩之亡父以速嵩之之去中外方以為快而陛下起復之命已下矣陛下姑曰大臣之去不可不留也嵩之不天聞訃不行乃徘徊數日牽引姦邪布置要地彌縫貴戚買囑貂璫轉移上心干私御筆必得起復之禮然後徐徐引去大臣居天子之下位百官之上佐天子以孝治天下者也孝不行於大

臣是率天下而為無父之國矣鼎鐺尚有耳嵩之豈不聞富公不受起復之事乎而乃忍為鄭居中王黼輩之所為耶臣謹按古禮親有疾飲藥子先嘗之嵩之於其父之病也盍涕泣以告陛下曰臣父年八十餘矣恐朝夕不相見矧陛下春秋鼎盛臣事陛下之日長而事父之日短願陛下哀而賜之歸使臣一見老父終天何憾陛下以孝教天下未必不可其請也今嵩之視父病如路人方峩冠整佩洋洋入政事堂鼎食談笑無異平昔

昔李密有言臣無祖母無以至今日祖母無臣無以終餘年烏鳥私情願乞終養密之於祖母猶爾嵩之於父獨不然乎臣又按禮經父母之喪見星而行見星而舍嵩之之於父之死也盡號泣於旻天曰其不孝父病不及藥是罪大矣今父死不及殮欲與俱殞不可得也星馳奔赴雖日行百里可也今嵩之視父死如路人方經營內引搖尾乞憐作飛鳥依人之態又擺布私人以為去後之地暨姦謀已遂乃始從容就道初不見其有

憂戚之容也晉顧和喪母其君欲起之和曰古者固有釋衰絰從王事者以其才足濟時也如和不才祇以傷孝道壞風俗爾時人高之和在衰世猶能盡其孝道以厲風俗嵩之身為臺輔曾一顧和之不若乎且陛下所以起復嵩之者為其有折衝萬里之才歟嵩之本無捍衞封疆之能徒有刦制朝廷之術彼國內亂骨肉相殘天使之也嵩之貪天之功以欺陛下其意以為三邊雲擾非我不足以制彼也殊不知敵情叵測非嵩之之所

能制嵩之徒欲以制敵之名以制陛下爾陛下所以起復嵩之者謂其有經理財用之才歟嵩之本無足國裕民之能徒有私自豐殖之計且國之利源鹽筴為重今鈔法屢更利之歸於國者十無一二而聚之於私帑者已無遺算國家之土壤日削而嵩之之田宅益廣國家之帑藏日虛而嵩之之囊槖日厚陛下眷留嵩之將以利吾國也殊不知適以貽吾國無窮之害爾嵩之敢於無忌憚而經營起復為有彌遠故智可以效尤然彌遠

所喪者庶母也嵩之所喪者父也彌遠奔喪而後起復嵩之起復之後而後奔喪以彌遠貪黷固位猶有顧藉丁艱於嘉定改元十一月之戊午起復於次年五月之丙申未有如嵩之匿喪罔上殄滅天常如此其慘也且嵩之之為計亦姦矣自入相以來固知二親耄矣為有不測旦夕以思無一事不為起復張本當其父未死之前已預為必死之地近畿總餉本不乏人而起復未卒哭之馬光祖京口守臣豈無勝任而起復未經喪之許

堪故里巷為十七字之謠也曰光祖做總領許堪為節制丞相要起復援例夫以里巷之小民猶知其姦陛下獨不知之乎臺諫不敢言臺諫嵩之爪牙也給舍不敢言給舍嵩之腹心也侍從不敢言侍從嵩之肘腋也執政不敢言執政嵩之羽翼也嵩之當五內分裂之時方且擢姦臣以司喉舌謂其必無陽城毀麻之事也植私黨以據要津謂其必無惠卿反噬之虞也自古大臣不出忠孝之門席寵怙勢至於三世未有不亡人之國者

漢之王氏魏之司馬是也史氏秉鈞今三世矣軍旅將校惟知有史氏天下士大夫惟知有史氏而陛下之左右前後亦惟知有史氏陛下之勢孤立於上甚可懼也天欲去之而陛下留之堂堂中國豈無君子獨信一小人而不悟是陛下欲藝祖三百年之天下壞於史氏之手而後已臣方涕泣裁書適觀麻制有曰趙普當乾德開創之初勝非在紹興艱難之際皆從變禮迄定武功夫擬人必於其倫曾於奸深之嵩之而可與趙普諸賢

同日語耶趙普勝非在相位也忠肝貫日一德享天生

靈倚之以為命宗社賴之以為安我太祖高宗奪其孝

思俾之勉承王事所以為生靈宗社計也嵩之自視器

局何如勝非其不能企其萬一況可匹休趙普耶臣愚

所謂擢姦臣以㬋古者此其驗也臣又讀麻制有曰諜

諗憤兵之聚邊傳哨騎之馳況秋高而馬肥近冬寒而

地凜方嵩之虎踞相位之時諱言邊事通州失守至踰

月而後聞壽春有警至危急而後告今圖起復乃密諭

詞臣昌言邊警張皇事勢以恐陛下蓋欲行其劫制之謀也臣愚所謂擢姦臣以喉舌者又其驗也竊觀嵩之自為宰相動欲守法至於身乃跌蕩於禮法之外五刑之屬三千其罪莫大於不孝若以法繩之雖置之鈇鉞猶不足謝天下況復置諸巖巖具瞻之位其何以訓天下後世耶臣等於嵩之本無宿怨私忿所以爭進闕下為陛下言者亦欲挈綱常於日月重名教於泰山使天下後世為人臣為人子者死忠死孝以全立身之大節而

已孟軻有言學則三代共之皆所以明人倫也臣等久被教育此而不言則人倫掃地將與禽之為匪類矣惟

陛下裁幸

武學生翁日善六十七人上書言史嵩之略曰天下不幸有無父之人不可使有無父之國父年高而不之懼父疾篤而不之省及父身没而不之慼此市井小人不顧廉恥不恤物議者容或有之世所指目為無父之人也人而為無父之人其禍特止於一身國而為無父之

國其禍將及於天下陛下為綱常之主正當以仁孝治天下以忠義律臣子乃以不忠不孝之人位之父兄百官之上其何以為訓耶

京學生劉時舉王元野黄道等九十四人上書略曰天下有一日不可廢之人倫人心有一日不可泯之公論大倫之盡廢固不足為亂臣賊子羞公論之不泯所以為宗廟社稷慮先儒謂事親之情可奪則事君之情亦可奪政以不忠實原於不孝無父必至於無君此理之必

然也陛下拳拳於嵩之之不忍釋者豈以秋風向深冬寒又迫非嵩之素諳敵情熟識邊事莫能當此寄耶然臣等不憂敵國之勢盛而憂陛下之勢孤昔者金人之盛十倍韃人吾國之專政者秦檜爾檜死而逆亮南牧兵號百萬孰不東手無策時宰臣陳康伯以靜定運廟謨詞臣虞允文以忠義鼓士氣竟能成采石之捷成誅亮之功檜之死而有陳康伯虞允文孰謂嵩之之去而無如康伯允文者耶惟是陛下所進今不知其亡凡當

世傑特之士皆銷落於嵩之排擯之餘如王萬謝方叔以爭不勝最先去游侶以大政不使聞而激之去劉應起以轉對直言去張磻以轉對觸諱去劉漢弼以臺論攻嵩之之黨去趙與懽以才名軋己而嗾逐去李韶以侍從數嵩之之專柄去王伯大以意向不合去趙汝騰以麻詞無佞語陰摘其小疵而遣去徐榮叟趙葵皆墮其機穽去别之傑號為長厚又以每事必問本末假托而擠之去杜範尤為簡聖眷負人望上前敢論諍遇事有

分決則又用李鳴復而速之去竊聞王正月乙卯太學九士扣閽上疏乞罷鳴復範九士囊封未徹於宸旒之聽而翹館之門生已入臺端矣庸邪小人奉承惟謹即合同僚交章論範陛下所藉以為耳目心腹者皆盡空於嵩之之一網陛下雖尊居九重身處佚愉旁無可謀之人外無入告之益是以獨善之清躬游於史氏之黨局君父至此天下謂何

宗學生與寰等三十四人上書畧曰肅讀麻制私竊有

疑陛下謂其修法度能制夷狄能運掉三邊能發縱百將又謂嵩之可以慰中外之望凡此數者必非陛下之意為陛下之喉舌乃嵩之之腹心小人之無忌憚者也嵩之不孝上徹於天弔者在門賀者在閭即欲捨苫塊而坐廟堂脫衰經而被公衮是可忍也孰不可忍也縱使陛下屬念史氏則公圭旄節魚鱗襍襲陛下之恩亦至矣而嵩之今乃一日不肯釋相位者其意將安底止耶惟陛下决去大姦則社稷幸甚建昌教授盧鉞與太

學生同日上書皆不報太學武學宗學再伏闕上書劉鎮又上封事上意頗悟嵩之乃奏劉辭免武舉劉耐論四學上書略曰嘗觀秦人焚坑之禍漢末黨錮之獄使名士淪亡典籍消滅以貽千百年不可追之恨者其端始於一二愚士橫議爾春秋戰國之士聚於鄉校以議執政之然否或請毀鄉校而子產不許孰不以是賢子產也臣猶恨子產於此時無以變士習淑人心而付之自然陛下尊居天陛置輔相於左右蓋將以立國也而

輕儇浮薄者乃指名大罵自輔相至於臺諫侍從而下或目之以禽獸或指之以鬼魅或斥之以盜賊然則朝廷何以為朝廷中國何以為中國信斯言也生人之類滅久矣若是嵩之真要取起復而後去真匿喪旬餘而後發固無逃天下後世之議若嵩之聞訃未嘗匿喪而起復之命真出陛下憂時之本心亦當顯告天下下臣此章揭示四學輕儇浮薄者有所警戒於世道實非小補

太學齋廊榜曰丞相朝入諸生夕出諸生夕出丞相朝入時相惡京學生言事謂皆遊士皷倡之風京尹趙與簒逐遊士諸生聞之作捲堂文辭先聖以出曰天之將喪斯文實係興衰之運士亦何負於國遽羅斥逐之辜靜言思之良可醜也慨祖宗之立國廣學校以儲才非惟衍豐芑以遺後人抑亦隆漢都而尊國士肆惟皇上克廣前猷炳炳宸奎鼇為四學戔戔束帛例及諸生蒙教育以如天恨補報之無地但思粉骨寧畏觸機直言

安石之奸共惜元城之去實惟公議不利小人始陰詆其三緘終盡打於一綱不任其咎歸過於君是誠何心空人之國昔鄭僑且謂毀校不可而李斯尚知逐客為非彼既便已行之吾亦何顏居此戹哉吾道告爾同盟毋見義而不為當行已而有恥苟為飽暖是貪周粟之羞相與攜持毋蹈秦坑之慘斯言既出明日遂行京尹遂盡削遊士籍

乙巳

淳祐五年春詔來通天文歷算之人

閔雨日食降詔

申嚴税賦重催抑勒之禁

築泗州城出楮米為泗州城池費

杜範再入相薨於位劉漢弼以腫疾死徐元杰暴卒時謂諸公皆中毒堂食無敢下筯自淳祐至寳祐正人指邪為邪邪人指正為邪互為消長

詔撫綏中原遺民

出楮付殿司造軍器

史嵩之以永國公致仕

范鍾等上玉牒等書

趙葵乞造戰船以備緩急

令沿海團結三郡民船

出楮百萬犒水陸戰守諸軍

陳韡參知政事同知樞密院事

范鍾罷相事游侶與鍾並相不協鍾以臺諫罷鍾方坐

都堂臺吏以牒呼而出之

丙午

淳祐六年春詔三學舉經明行修氣節之士

張磻言治兵理財

賜劉克莊出身領史事

賞蕭逢辰買馬修城

詔賈似道任責山寨城築

召鄭清之侍講經筵

置國用所

旌林公遇恬退詢所欲言

胡穎有威名每見淫祠即毀之人呼之曰胡打鬼丙寅為廣東經畧廣州僧寺佛像中有巨蛇藏於內時出享人祭祀僧託之題疏得錢數千緡穎至毀其佛擊死巨蛇而投諸江正僧人之罪藉其錢以投官其怪遂息奏請禁淫祠上從之

作集慶宮以祈福

詔舉閫臣計臣

章鑑疏乞儲才

丁未

淳祐七年春以吳潛知貢舉

游侶罷相

鄭清之罷人皆惜之

徐清叟參知政事時余玠專制於蜀每交結權要及中外用事者奏牘詞氣悖慢示敢專制之狀上意不平之

徐清叟奏云余玠不知事君之禮陛下何不出其不意而召之上不答清叟留班奏云陛下豈以玠握大權召之或不至耶臣度玠素失士心必不敢上乃從其言

癸丑

寶祐元年徐清叟奏當守東海漣水

賈似道海城獻捷

四月士人太學補試士人入試 蹂踐而死者衆

温台處大水

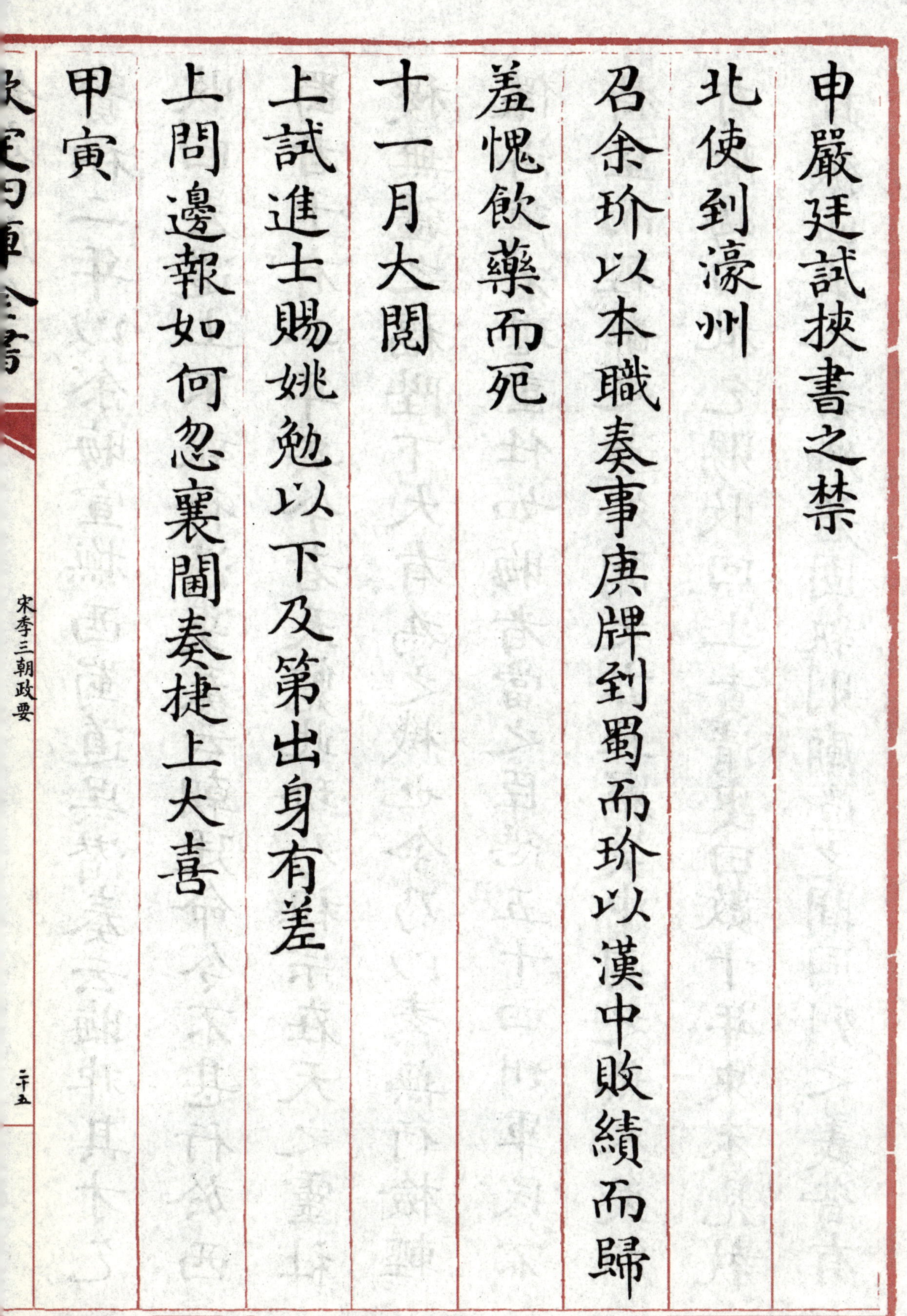

申嚴廷試挾書之禁

北使到濠州

召余玠以本職奏事庚牌到蜀而玠以漢中敗績而歸

羞愧飲藥而死

十一月大閱

上試進士賜姚勉以下及第出身有差

上問邊報如何忽襄閫奏捷上大喜

甲寅

寶祐二年以余晦宣撫西蜀道吳潛奏云晦非其才乞收回差遣上不報徐清叟奏云朝廷命令不甚行於西蜀者十有二年矣今者天毙此玠乃祖宗在天之靈社稷無疆之福陛下大有為之機也今乃以素無行檢輕儇浮薄不堪重任如晦者當之臣恐五十四州軍民不特望而輕鄙之邊外聞之亦且竊笑中國之無人矣所有除晦内批乞賜收回上責清叟曰數十年來未見執政繳回成命者卿若固執則廟堂之間同列之義皆有

不安召命已頒決難反汗其後晦果敗蜀失紫金山要地

録余玠家財助蜀

詔撫諭四川官吏軍民

北兵築利州閬州

收復安西堡奏捷上大喜乃上將士之有功者

賈似道城東海

上問淮哨退否詔吕文德應援上下

謝方叔等進經武要略等書

徐清叟除知院兼參知政事清叟奏蜀置四帥

排保甲行守實法

安南國王加封奉正功臣

措置錢楮

余晦斬王惟忠惟忠與晦俱淅東人少微賤晦小名余再五以余天錫之薦為四川制置使時惟忠為利路安撫閱除目笑曰余再五來也晦聞之怒誣奏惟忠潛通

北境下大理寺勘官陳大方承吉𢿎成之惟忠斬於市血流而上惟忠色不變謂大方曰吾死許於帝未幾大方朝恍惚與惟忠還遂卒

乙夘

寳祐三年春正月詔郡國取典雅愜閎之才

謝方叔罷相言者謂方叔之政皆出子弟故罷相制云政權皆由滈出人謂斯何國是非當宻言父訓安在以董槐為右丞相

三月乙未雨土

雲南有北兵思播當嚴爲備

詔邊事許盡言不許傳播

賈似道興復廣陵堡城

蜀郡地震

均州築城龍山

四川兵財並聽宣司

詔温和守禼奴堡以守光化

巴州獻捷

諸州禁兵不得差借

教閱精加選擇

六月丁大全除司諫陳大方除正言胡大昌除侍御時

目大全大方大昌為三不吠犬

令諸路自實田畝以覈滲漏徐清叟曰自實乃秦之弊

法不可再復數月兩浙江東西民甚苦之上一日臨朝

曰自實擾民可且住行

御史洪天錫劾内官盧允升董宋臣疏不行而去國巨璫董宋臣迎逢上意起梅堂芙蓉閣奪豪民田引倡優入宫招權納賂無所不至人以董閻羅目之時閻妃怙寵馬天驥丁大全用事有無名子書八字於朝門曰閻馬丁當國勢將亡

兩淮奏擒舊海偽元帥

丙辰

寶祐四年詔舉廉吏

邊備合加申嚴

立安邊太平局

董槐罷相時丁大全為監察御史奏槐章未下先調臨安府隅兵百餘人挺刀圍其第以臺牒驅迫出之時有詩云空使蜀人思董永恨無漢劒斬丁公

程元鳳為右丞相

太學生陳宜中等上書攻丁大全大全怒取旨陳宜中黃鏞林則祖曾唯劉黼並削籍編置下臨安府押出國門祭酒司業率二十齋學生冠帶送出園橋府大全愈

怒立碑三學戒勵諸生毋得譸張㗵吻妄議國政又令

令後諸生上書須前廊學官看詳牒報檢院方許奏聞

四月上試進士賜文天祥等及第出身有差

撥官誥祠牒收換楮並從燒毀

出庫錢充使

出新川會收換川引

賈似道參知政事兩淮大使

下詔誡貪

詔戒棓克

定趙與簒招軍名遊擊

蜀中得捷奏加獎備因蜀捷趣上功恤流離優恤援蜀

戍兵

達蘭兵築棗陽冬犯襄陽為援郢計

獎諭李曾伯復襄樊

嚴加老鼠隘

達蘭兵留大理國

浙江提成

賜安南國奬諭

上欲復用嵩之詔除觀文殿大學士落致仕與前執政

恩數蔡抗奏乞收回恩命三學上書攻之遂依前致仕

卒

上以御寶黄冊催内藏坊場錢知嚴州吳槃奏言内庫

理財太急督催太峻龍章鳳篆施於帑藏之催科寶冊

泥封下同官吏之文檄居萬乘之崇高而商財賄之有

無事雖至微關係甚大他時青史書之曰以節寶督坊場錢自今日始何以為萬世法董宋臣諷臺諫邵澤劾之

丁巳

寶祐五年詔以新美士習為先

趙葵乞招軍十萬

趙葵水陸並進大捷

褒淮閫獻捷

姚永慶言蜀中便宜

蜀中之捷

詔安集蜀兵

蜀報北兵犯巖州

置廣右堡塞

築宜州城防窺伺邕宜分洞兵控扼施黔

吳淵乞萬兵備瀘溆思播

劄蒲擇之措置鹽井等隘

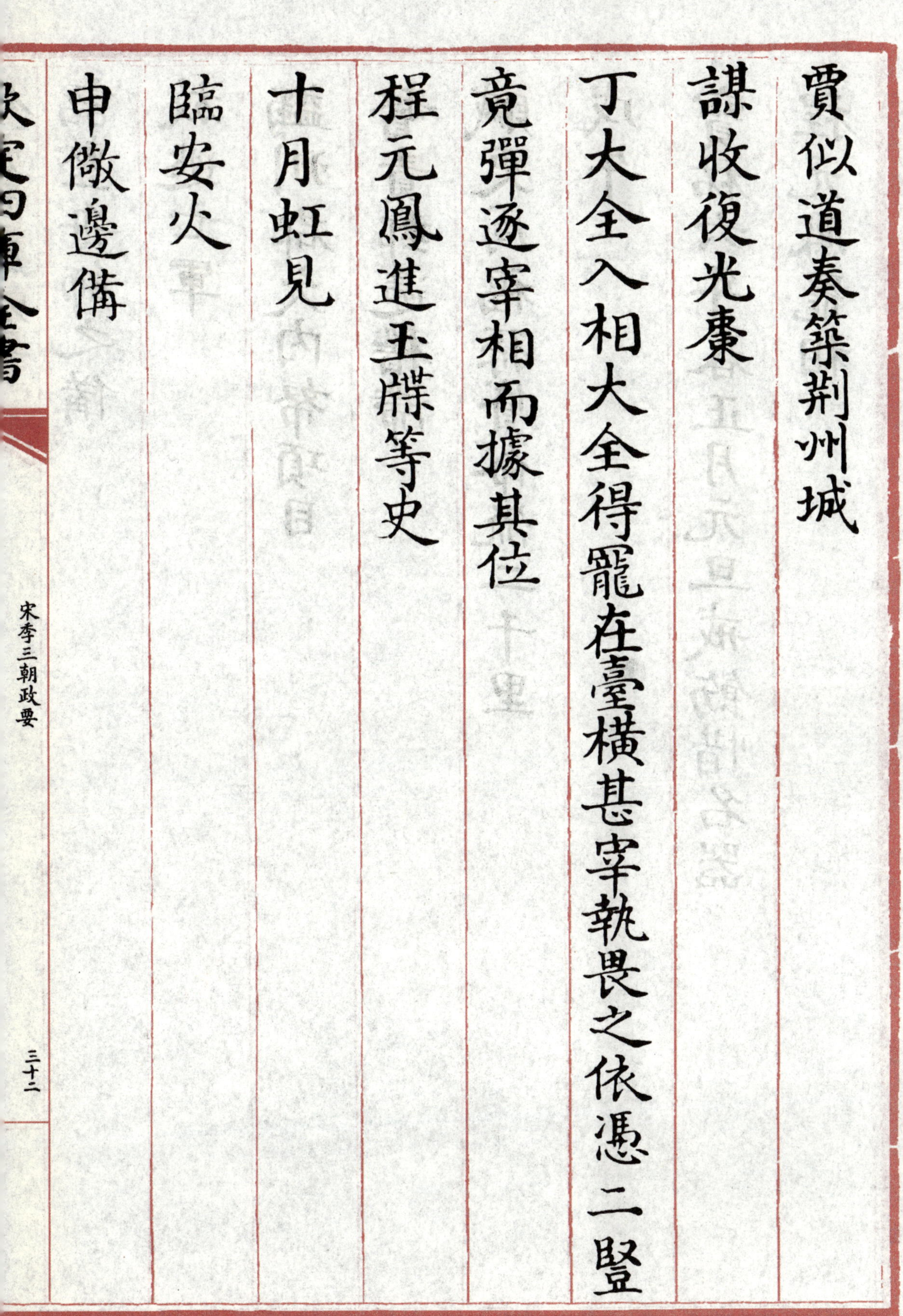

賈似道奏築荆州城

謀收復光棗

丁大全入相大全得寵在臺横甚宰執畏之依憑二豎

竟彈逐宰相而據其位

程元鳳進玉牒等史

十月虹見

臨安火

申儆邊備

詔整舟師之備

放逃亡軍

蠲州郡欠内帑項目

督責郵遞稽滯

贓吏周福孫貸命流二千里

戊午

寶祐六年春正月元旦戒飭惜名器

程元鳳罷相

詔帥臣謹備邊毋恃其不來

馬光祖向士壁自捐軍費

詔諸閫招填軍額

北兵窺苦竹隘諭蒲擇之守苦竹隘

達蘭兵窺劒門又窺東川令蜀將各分地分守禦

劉雄飛捷於橫山雄飛本隆興府犯事人解至鄂州收

繫一日得脫宿荒沙堺中夜半見天門開心竊自喜遂

投充揚州制司敢勇軍出軍有功似道辟差權和州不

數日除知州遷四川制置使

達蘭兵犯安南田應寅乞屯瀘溆援思播乃修築思播

關隘調兵防播州支徑差官相度置黄平屯趣徐敏子

防邕宜

達蘭兵侵羅氏鬼國屯兵為交人聲援

長寧軍修築淩霄城戍

監司郡守不許擅支官錢

楊禮堅守安西堡進官

詔督府江淮制置進援上流

分遣舟師防拓

趙葵申隨州之捷

光化之捷

襄樊解圍

賑䘏過江轉徙淮民

出米賑糶收幣楮

徐涇孫除給事中

達蘭兵哨通泰又哨安豐守臣迎敵却之繼而懷遠連

水皆奏捷詔嚴備上流

杜庶除刑部郎辭免陞寶章閣仍舊淮西憲兼知廬州

主管安撫司公事

宋季三朝政要卷二

欽定四庫全書

宋季三朝政要卷三

理宗

己未

開慶元年春正月朔戒中外奉公行實政

鑄開慶錢

三月辛酉雨土

修築江塘

賑滁州水災

四月上試進士賜周震炎等及第出身有差時公主方選尚丁大全欲用新進士為駙馬因命考官私寘震炎為第一倡太平狀元之説以媚上震炎草茅士年幾三十矣恭謝日公主於内窺之不悦事遂寢丁大全𣊓震炎降第五甲出身

新築黄平隘賜名鎮遠州戍兵守備以防雲南

王登提兵入蜀

更蜀戍兵增蜀戍兵券

賞龍州守城築功

詔蜀許便宜行事

勅廣帥李曾伯備廣西行廣郡守賞罰

秋九月達蘭國憲宗皇帝親帥大軍入蜀勢欲順流東下一軍自大理國斡腹南来歷邕桂之境南至静江府

廣帥李曾伯閉門自守一軍渡江圍鄂州時相匿報若罔聞知吳潛涕泣入奏上以賈似道為宣撫視師

江上
呂文德提兵援蜀蜀人稍安
催蜀漕運
十月丁大全罷吳潛入相
上以賈似道為右相荆湖宣撫策應大使進兵援鄂州
趙葵為樞密使江東西宣撫策應大使屯兵信州遏廣
右斡腹之師
北兵陷連水軍維揚大震

杜庶除大理卿制置兩淮知揚州上諭庶曰前守合肥淮右賴以奠安今畀以全淮之寄尤籍聲譽父子家傳可謂無忝

監察御史饒應子言今之精兵健馬咸在閫外湖南江西地僻兵稀雖老臣宿將可以鎮壓然無兵何以運掉敵之來當自内托出不當自外捍入上然之

韃兵破江州瑞州衡州圍潭州邊報轉急都城團結義

勇招募新兵築平江紹興慶元城壁議遷都軍器大監兼左司何子舉言於丞相吴潛曰若上行幸時則京城百萬生靈何所依賴必不可遂與俱入見面陳剴切謝皇后亦請留蹕以安人心上乃止

謝枋得率鄧傅二社二千餘人舉義擢兵部架閣攻斷遼州浮橋吕文德乘風戰勝

向士璧帥潭北兵至向親帥軍民且戰且守既置飛江軍入募斗弩社朝夕親自登城慰勞潭城固守斗弩之

力居多會南來二哥元帥卒潭圍先解
北兵至鄂州都統張勝權州事城危在頃刻勝登城諭
之曰城子已是你底但子女金帛皆在將臺可從彼去
北兵退焚燒城外民居巋然一壘未幾高達卭應引兵
來似道駐漢陽軍為聲援而鄂州固守不下殿司崔彦
良援隆興彦良崔福子也以兵三千援隆興時趙葵督
視江淮退保隆興閉門自守崔兵至城下不得入邸報
北兵至生米市距城三十里彦良渡江迎敵北兵退而

保隆興者彦良之功居多

十一月下詔罪己求言

詔賈似道移司黄州黄在鄂下流中間乃北騎往來之衝孫虎臣將精騎七百護送至青草坪候騎白前有兵似道愕曰奈何虎臣匿似道出戰似道歎曰死矣惜不光明俊偉爾既而北兵乃老弱部所掠金帛子女而回

江西叛將儲再興騎牛先之虎臣擒再興遂入黄州

召徐清叟赴闕力辭達蘭憲宗皇帝晏駕於釣魚城下

似道乘機遣使約和陰許歲幣兵解而去

潭州捷書至上曰向士壁忠赤可尚下詔褒賞

雪寒犒海道戍兵

出内庫銀絹付宣司支費

庚申

景定元年春正月何子舉除華文閣待制江淮諸路察訪使

三月三日鄂渚北兵退

夏貴總領舟師五奏捷及新生洲之捷

命夏貴總領諸將貴資精悍能夜視工劫寨累有戰功軍中謂之夏爺爺少時以罪刺雙旗故又謂之夏旗兒

理宗嘗圖其形觀之

白氣如疋亘天

催造戰船

蠲放北兵所踐州縣稅

四月達蘭國色辰皇帝即位五月十九日改元中統兵退行打算法賈似道忌害一時之閫臣故欲以此汚之

向士壁守潭城費用委浙西閫打算趙葵守洪則委建康閫馬光祖打算江閫史巖之淮閫杜庶廣西帥皆受監錢之苦累及妻子徐李杜追繫獄杜死後追錢猶未已也謝枋得舉民義科降招軍錢給義兵米及行打算枋得曰不可以累趙宣撫也自償萬楮餘無所償乃上書賈相云千金而募徙木將取信於市人二卵而棄干城豈可聞於鄰國乃得免焉

賈似道入朝以右相兼太子太師

賈似道入相理宗之季官以賄成宦官外戚用事似道為相年深逐巨璫董宋臣李忠輔勒戚畹歸班不得任監司郡守百官守法門客子弟斂迹不敢干政人頗稱其能然天資奸邪險詖置緑櫃招人告訐立七司法苛密煩碎議者不以為便

賈似道奏使守令暗收舊楮乃撥見會收弊會招捕浙西鹽子

詔陞巢縣為鎮巢軍使

建寧府産嘉禾於建陽改嘉禾縣

李松壽犯淮安

廣太學進取之法

録用恬退消奔競

蠲放北兵所踐州縣税

禁獻羨餘

修京城

鑄景定元寳錢

呂文德制置荆湖知鄂州
李庭芝安撫兩淮
圖復漣水
瀘州漣水之捷
北使郝經來尋盟先是似道出師隂許北朝歳幣大兵
退自詭有再造功諱言前事拘留於真州不遣
七月貶吴潛建昌軍尋徙潮州潛為人豪儁其弟兄亦
無不附麗有譏於上者曰外間童謡云大蜈蚣小蜈蚣

盡是人間業毒蟲夤緣攀附有百尺若使飛天能食龍

此語既聞惑不可解而用之不堅亦以此也

上以寧宗正史未畢令陳宜中等修撰

免蜀郡聖節銀

八月兩淮制置李庭芝奏李全子壇歸國

丁大全謫貴州大全鎮江人藍色鬼貌小官時為戚里

婢壻夤縁以取寵位事内侍盧允昇董宋臣上信任之

擢監察御史遷正言在臺横甚引臺小人沈翥方大猷

為羽翼輒登相位北兵渡江大全匿報幾誤國事遂罷相尋謫貴州與州將游翁明失色盃酒間游誣告丁相有異謀陰造弓矢將通蠻為不軌朱禩孫以聞於朝加竄新州土牢拘管日具存亡申遣將官畢遷護送舟過藤州擠之於水而死

十月以弟嗣榮王與芮之子祺為皇太子封忠王賜名𥙷納妃全氏全氏乃理宗母慈憲夫人姪孫女度宗為忠王時議納妃丁相大全議聘知臨安府顧嵒女從已

未已納聘而謝后意不悦又會有江上之儆乃緩其事
至是改聘全昭孫女全氏為妃
竄方大猷於嶺南斬丁大全强幹高儔
夔路奏捷
上言廣西宜預防
辛酉
景定二年春正月癸亥朔申飭百官盡言
京湖制司言吕文德報發勘正張子光張定國龎伸周

仲張善張先以蒲擇之黨從在任贓狀繁夥賊船造橋
不調援兵攻擊設意降北乞明正典刑乃詔子光定國
追毀除名龎仲等四人並流斷
七月辛未月犯斗
上曰米舟雖至價猶未平似道奏已將豐儲米五萬石
賑糶又借本市糴以平其直
上曰外郡楮幣如何似道奏乞詔諸路稅賦見錢許用
各處楮幣的例折納起解諸州縣奉行不虔重寘於罰

上曰借粮之風未戢可申嚴懲治以儆其餘似道奏此事當恩威並舉已講明賑卹之政又令團結保伍俾富者資給之苟復不悛當懲其無良者

壬午陳韡薨輟視朝謚忠肅

吳潛責授化州團練使循州安置

詔賜吕文德方團一字金帶

八月詔令户部嚴州縣增收租米斛面之弊

癸巳以久雨出封椿庫楮上二十萬賑三衙諸軍豐儲

倉米濟都民

上曰蜀事可慮似道奏俞興攻取瀘城壞於垂得臣累疏自請一行或可上寛憂顧上曰廊廟事體至重豈宜輕動又奏若文德入蜀則荆湖與江面關繫尤重臣不容不往上又曰此未可輕

奪向士壁從官恩數令臨安府追究侵盜掩匿情節從侍御史孫附鳳之言也士壁帥長沙北兵已圍鄂岳方措置間皮泉淥家居訪之問所以為城守之計士壁曰

正為眼中無可用之人皮恚之北兵退皮入朝百計毀
短似道忌其成功竟坐遷謫至今邦人言之有垂涕者
賜皇女周國公主第於安濟橋
江萬里除端明殿大學士同簽書樞密院事兼太子賓
客
浙右水澇令朝臣分往各郡商摧出粟勸分蠲租賦招
勇壯為軍凡救荒之政可速舉行
詔詞學科照嘉熙二年例

申嚴繆舉改官之罰

孫虎臣邳州之捷

夏貴知淮安兼安撫賜金幣田

北使來

上幸太學陞張栻呂祖謙從祀夫子廟庭

朱禩孫獻捷

壬戌

景定三年春楊棟知貢舉

徐涇孫等為殿試官

詔三學免解一次

朱禩孫申創南城書院

四月上試進士賜方山京等及第出身有差

太學生陳宜中等六人並賜廷對

李壇以漣海四州來歸授壇保信武寧軍節度使督視

京東河北等路軍馬齊郡王復其父李全官爵壇在北

朝授以行臺都督之任及己未退師之後辟禪皇帝北

歸璮獨不至其子居簡給事宮中壻居相府私相逗引不告而去及濟南等處修築城壁差軍把隘又殺蒙古軍人遂叛歸南

賈似道為相欲行富國強兵之策時劉良貴為都曹繼尹天府吳勢卿餉淮東入為浙漕遂交贊公田之事殿院陳堯道正言曹孝慶迎合似道之意合奏限田之法自昔有之置官户踰限之田嚴歸併飛走之弊回買官田可得一千萬畝每歲則有六七百萬之入其於軍餉

沛然有餘可免和糴可以餉軍可以住造楮幣可平物價可安富室一事行而五利興實為無窮之利上然之似道欲用劉良貴吳勢卿專任公田時勢卿已死乃以良貴為提領陳訔為檢閱官以副之良貴請下都省嚴立賞罰究歸併之弊上曰永免和糴無如買逾限之田為良法然東作方興權俟秋成續議施行似道憤然求去上曰買田永免和糴自然良法美意要當始於浙西視諸路為則也所在利病各有不同行移難於一律可

令三省照此施行似道内引入劄力言其使上從其言三省奉行惟謹似道遂以自己浙西萬畝為公田倡嗣榮王繼之趙立奎自陳投賣自是朝野無敢言者獨禮部尚書徐涇孫疏言買田之害以言不行乞致仕公田初議以官品逾限田外買官田猶有抑強嫉富之意繼而敷派除二百畝以下者免餘各買三分之一其後雖百畝之家亦不免立價以租一石者償十八界會四十楮不及者減買數稍多則銀絹各半又多則以度牒告

身准直登仕三千楮將仕千楮許赴漕試校尉萬楮承
信萬五千楮承節二萬楮則理為進納安人四千楮孺
人二千楮
督催公田以府丞陳訔徃湖秀以將作丞廖邦傑徃常
潤六郡有專官平江則包恢成公策嘉興則潘墀李補
焦焕炎安吉則謝奕趙與訔王唐珪馬元演常州則洪
穮劉子庚鎮江則章埛郭夢熊江陰則楊班黄伸並俟
竣事各轉一官選人減一削守臣並以主管公田繫銜

提領劉良貴劾奏嘉興宰葉悊佐以不即奉行之罪又劾長洲宰何九齡追毀出身永不收敘以不合出給官田令田主包納失田業相離之初意

五月公田以江陰軍平江府隸浙西憲司安吉嘉興隸兩浙運司常州鎮江隸總所每歲秋租輸之官倉特與減饒二分或水旱則别議放數遂立四分司王大吕平江方夢玉嘉興董楷安吉黄震鎮江常州江陰三郡初以選人為之任滿則理為入班州縣鄉都則分差莊官

以富饒者充應兩年一替每鄉創官莊一所每租一石明減二斗不許多收其間毗陵澄江一時迎合止欲買數之多凡六七斗者皆作一石及收租之際元額有虧則取足於田主以為無窮之害或內有磽瘠及租佃頑惡之處又從而責換於田主其禍尤慘

詔改漣水軍為安東州

詔陞東海縣為東海軍

評事四員用諸科人充

吳潛卒潛初入相以方甫胡易簡為腹心易簡方上議立度宗為太子樞密承旨何子舉曰儲君未愜衆望建立之議固當詳審潛欲緩其事上不悦北兵退即罷政而似道入相諷臺臣劾其罪貶循州先是詔似道移司黄州黄在鄂上流中間乃北騎往來之衝要似道聞命以足頓地曰吳潛殺我矣疑移司出潛意故深憾之遣武人劉宗申為循守以毒潛潛鑿井卧榻下自作井銘毒無從入一日宗申開宴以私忌辭再開宴又辭不數

日移庖不得辭遂得疾以五月卒於循州似道遣宗申
毒潛死即歸於宗申貶死以塞外議
獎諭馬光祖城安慶功
定御史臺覆試之制
夏貴蘄縣之捷
蝗蝻得雨不為災
蠲四川鹹酤榷利三年
申嚴偽會賞罰之令

詔兩海不可不守

詔州縣稅許用各處楮價折納

詔提刑劾所部州縣違戾

安南國進貢禮物

蠲臨安府稅平物價

十月知院徐清叟薨贈少師謚忠簡

給諸軍雪寒錢

京城大飢馬光祖尹京知榮王府積粟一日往見辭以

故次日往亦如之三日又往卧於客次榮王不得已見焉馬厲聲云天下誰不知儲君為大王子今民餓欲死大王不以此時收人心乎王以廩虛為辭光祖探懷出片紙曰某倉幾十萬王辭塞遂許三十萬石光祖即令都吏領鈞批交米活飢民甚衆

癸亥

景定四年春正月元旦詔舉所知

詔呂師夔閱視營屋招募新軍

詔褒呂文德浚築四州城池

成都奏藝祖皇帝廟側一合抱木久矣仆地今歲夏五

忽立起而生三芽上製詩以賜羣臣

發福建義倉賑糶貧民

申嚴鉌銷僞造

呂文德獻羨財

蠲紹興延燎居民賃錢

以包恢簽書樞密院事恢學師朱陸以道德儀法當世

性疾惡所至戢姦禁暴有政聲尤善平寇平江前爲海寇擾命恢徃平之時行公田恢奉行稍過頗違公論瀘州太守劉整叛先是北兵渡江止還蹕之議者吴潛也盡守城之力者向士壁也奏斷橋之功者曹世雄第一而整次之似道功賞不明殺潛殺士壁殺世雄整懼禍及已遂有叛意會鄭興爲蜀帥而瀘州乃其屬郡興守嘉定時被兵整自瀘州赴援興不送迎亦不宴犒興遣吏以羊酒餽之整怒杖吏百而去興有宿憾乃遣吏

至瀘州打算軍前錢粮犒賂以金瓶興不受復至江陵求興毋書囑之亦不納犒𢡟以城降北及北軍壓境犒集官吏喻以故曰為南者立東廡為北者立西廡官吏皆西立惟户曹東立殺之與西立二十七人歸北吕文德役瀘州文德號黑灰團犒叛遂獻言曰南人惟恃一黑灰團可以利誘也乃遣使獻玉帶於文德求置榷場於襄城外文德許之使曰南人無信安豐等處榷場每為盜所掠願築土牆以護貨物文德不許使辭去

或謂文德曰榷場成我之利也且可因以通和好文德以為然追使者不及矣既而使者至復申前議文德遂許焉為請於朝開榷場於樊城外築土牆於鹿門山外通互市内築堡文煥知被欺凡兩申制置司為親吏陳文彬匿之北人又於白鶴城增築第二堡文煥再申方達文德大驚頓足曰誤朝廷者我也即自請赴援會病卒

甲子

景定五年冬十月改咸淳元年元旦詔崇經術考德行

造金銀見錢關子以一凖十八界會之三出奉宸庫珍

貨收弊楮廢十七界不用其關子之制上黑印如西字

中紅印三相連如目字下兩傍各一小長黑印宛然一

貫字也關子行物價頓踴

詔舉内外官堪充監司郡守者

二月辛未雨土

行都大火

詔貢舉尚淳厚收純雅

戒飭百司盡公守法

蠲臨安府征三月

申嚴戒飭贓吏之制

詔秋闈嚴僞守之防

禁戢國子冒試鬻牒之弊

出會賑軍民及犒宿衛

豁除義倉陳腐

邉郡椿積三年軍餉

郤安南國進貢

謝塈寇至不禦褫職降官

秋七月甲戌彗星出柳芒角燭天長十數丈自四更從東方見日高方斂如是者月餘楊棟謂是蚩尤旗非彗也遭論去國

己卯丞相賈似道參政楊棟同知葉夢鼎僉書姚希得奏事上曰彗出於柳朕彰不德夙夜疚心惟切危懼幸

臣奏陛下勤於求治有年於兹寧有闕失實臣等輔政無狀所致上貽聖憂臣見其疏乞罷免庶可以上弭天災上曰正當相與補承闕失上回天意

臺臣交章言星變災異皆公田不便民間愁嘆不平之所致乞罷公田以答天意似道力辨人言丐辭相位上曰言事易任事難自古然也使公田之説不可行則卿建議之始朕已沮之矣惟其上可免朝廷造楮之費下可免浙西和糴之擾公私兼濟所以舉意命公行之今

業已成矣一歲之軍餉仰給於此若遽因人言而罷之雖可以快一時之異議如國計何如軍餉何卿既任事亦當任怨禮義不愆何恤人言卿宜安心毋孤朕倚毗之意自此公論頓沮矣

劉良貴以人言籍籍遂陳括田之勞乞從罷免不允

謝枋得校文宣城及建康漕闈發策凡十問言權奸誤國趙氏必亡忤似道貶興國軍時馮夢得知信州恤其家枋得聽其自赴貶所三年遇赦得還似道竒其才欲牢

籠之使余安裕諭意枋得不肯阿附賈敗為江東制置募兵援饒州戰於安仁敗績又敗於信州軍潰棄家入閩程御史文海留承旨夢炎交薦力辭不就至元戊子魏參政天祐執拘北行不食而死

冬十月上崩在位四十一年壽六十一上初名與莒福州古田縣宗室父為山陰尉縣人全氏以女妻之遂為越人生理宗資貌龎厚號為烏太保寧宗先以濟王為皇太子嘗謂史彌遠出入禁闥專權弗善彌遠聞之懼陰謀代之囑其客余

天錫余以二宗子告即理宗及福王也史請以來自牖間密視之自旦至暮福王不能堪理宗凝然無忤容史出延以飯理宗不顧食之盡史以為有德量立為沂靖惠王後寧宗崩史矯詔廢濟王立理宗端平初厲精為治信向真魏號端平為元祐在位久嬖寵浸盛宮中排當頻數倡伎傀儡得入應奉端平之政衰矣上自臨御以終始崇獎周程張朱義理之學故得廟號曰理陵曰穆陵御書閣曰顯文殿曰章熙

皇子忠王即皇帝位尊謝皇后曰壽和聖福皇太后宮
曰慈福詔以明年改為咸淳元年
賈似道為山陵使自上即位辭相印歸越州
太后兄謝奕封郡王姪堂㙜塈㕓皆節度使

宋季三朝政要卷三

欽定四庫全書

宋季三朝政要卷四

度宗

乙丑

咸淳元年春詔郡國長吏勸課農桑

録先儒後除徐直方為史館校勘直方之父元杰

為史相所毒直方以是不肯出仕時人高之至有是

除

榮王與芮進封福王黃氏封隆國夫人上即位稱皇叔

賜詔書不名

上以諒陰命宰臣類試阮登炳以下依廷試例出身

命儒臣日侍經筵

賈似道再入相

上即位察知巴陵之事非其本心贈太師保静鎮潼軍

節度使濟王封鎮王賜謚昭肅

上幸太學陞邵雍司馬光從祀

參政皮龍榮上東宮舊僚也居潭州知似道忌之杜門不預人事一日上偶問龍榮安在似道恐其再相時李雷應憲湖南陰諷雷應劾之雷應至潭訪龍榮龍榮托故不出既退以小鬼斥之或以語雷應雷應不能平遂疏其貪利營私之罪又謂每對人言有吾擁至尊於膝上之語蓋龍榮曾為東宮官也有旨謫衡州衡州乃雷應治所皮懼自酖死

冬十月飭諸路帥臣儆邊備

丙寅

咸淳二年春詔舉廉吏

陞泗水侯從祀

臨安府士人葉李蕭至等上書詆似道專權害民誤國似道怒嗾林德夫告李等泥金飾齋扁不法京尹劉良貴以聞加李等罪黥竄遠州

以李可為察院賈相當國盆忌臺諫言事悉用庸懦易制者為之彈劾不敢自由惟取遠州太守及州縣小官

毛舉細過應故事而已

謝方叔罷相歸豫章一日以琴一張丹藥一爐獻上盖以舊學故也賈似道疑其有觀望再相之意令全臺劾之以為不當誘人主為聲色之好欲謫遠郡賴吕文德以已官職贖丞相之罪遂得免論者曰專權忌能賈固不能無罪居閒貢獻謝亦有以取之也

襄陽自開互市以來北兵因互市築城置堡江心起萬人臺立撒星橋以遏南兵之援乙丑丙寅年間時出師

哨掠襄樊城外兵威漸振未幾文德死而以文煥代守

襄陽

丁卯

咸淳三年春詔貢舉以識治體為先

封曾參郕國公孔伋沂國公配享先聖顓孫師封陳國

公升十哲之位

賈似道平章軍國重事魏國公葉夢鼎為右丞相時似

道專政夢鼎充位而已似道一月三赴經筵三日一朝

赴中書堂治事上初政一委大臣似道益自專上稱之曰師臣通國稱之曰師相曰元老居西湖葛嶺賜第五日一乘湖船入朝不赴都堂治事吏抱文書就第呈署宰執書紙尾而已朝夕謀議內則館客廖瑩中外則堂吏翁應龍凡臺諫彈劾諸司薦辟舉削及京尹浙漕處斷公事非關白不敢自擅在朝之士忤意者輒斥去趙葵上疏告老還鄉冬十月辛

戊辰

咸淳四年閏正月初六天明大風雷雨居民屋瓦皆動

日午楊美人降生皇子

北兵圍襄陽呂文煥告急乃遣高達范文虎赴援北兵於要害處連珠劄寨圍數十里不得通達與文虎亦不用命

賈似道請出督而陰又嗾臺臣以留之實無意於出也

冬十月朔日蝕是日不視事夫人俞氏降生太子

三學士人上書乞調諸路兵併力救襄不報

賜武夷書院額仍設山長一員

汪立信以書抵賈似道陳三策一謂内地何所用乎多兵宜盡抽之以過江可得六十萬百里或二百里置一屯皆設都統七千里江面纔三四十屯設兩大藩府以總攝運掉之緩急上下流相應必無能破吾聯落之勢者久之日益進亦可二謂久拘使者在京湖何不議遣使偕行啗以厚利緩其師期年歲間我江外之藩垣成氣象固江南之生兵益增矣三謂兩說不可行惟有準

備投拜其意葢以激賈行第二策也賈得書大怒曰瞎賊敢爾妄語迄諷臺諫罷之立信歸金陵不數月北師渡江九江以下皆失守乃以端明招討起公則已無地席矣立信過淮時賈相出督相遇撫立信背而哭曰端明端明似道不用公言遂至此立信對云平章平章瞎賊今日更説一句不得今江南無一寸乾淨地立信去尋一片趙家土上死也要死得分明後扺高郵巳延丞相聞其名欲迎取之立信得報撫案大哭曰吾猶幸得

在趙家地上死也竟大慟而絶時高郵未歸附云

上試進士賜陳文龍以下及第出身有差文龍元名子龍唱第日賜今名

李璮登第自念禄不及親援淳熙王昂紹興李僑嘉定史公亮史天應納禄封父母故事以其官回授其父乃掛冠而歸

十一月皇后全氏降生皇子羣臣稱賀

寶武妖寇數千人破祇陽縣羅廷諫殲其首餘出降

已已

咸淳五年春詔舉人才

葉夢鼎辭位不允徑去

上在經筵令儒臣講周易

江萬里左相馬廷鸞右相輪日知印

禁珠翠都人以碾玉為首飾宮中簪琉璃花都下人爭

效之時有詩云京城禁珠翠天下盡琉璃識者以為流

離之兆

明堂大赦

北兵哨濠州

常州雞翼生距

庚午

咸淳六年春詔貢舉精於擇人為先

江萬里請援兵救襄似道不答竟以議事不合乃罷去

詔諸帥閫舉堪將材者各二人

馮夢得中書舍人請置士籍時賈相患舉人猥衆御史

陳伯大請置士籍開具鄉貫姓名年甲三代所習經賦娶妻姓氏令士人書之鄉鄰著押保結於科舉條制並無違碍方許納卷議者謂士而有籍與禁何異又嚴後省覆試法此校中省舉人元卷字蹤元異者黜之覆試之日露索懷挾辛未榜李鈁孫者少時戲雕摩睺羅於股閒懼搜者之見蒙紙其上搜者視之駭曰此文身者事聞被黜當此邊事危急之際束手無策而以科舉苦舉子何其繆耶

上一日問似道曰襄陽之圍三年矣奈何對曰北兵已退去陛下得臣下何人之言上曰適有女嬪言之似道詰問其人誣以他事賜死自是邊事無人敢對上言者

辛未

咸淳七年上試進士賜張鎮孫以下及第出身有差國朝廷試始於開寶癸酉終於咸淳辛未廷試之日天必開霽是歲大雨如注天不言以象示之而已

趙嗣惪登第乞援李瓘等乞回本身官致仕恩例封贈

父母上從之

陳仲微為侍左郎官以言事切直罷

王唐珪為司農簿以輪對言天下守令不得人忤似道

罷

淮西制置司申襄圍不解乞調兵增戍

催造戰船以備江面

是歲達蘭國建國號曰大元取易經乾元之義以明資

始之功冬出師哨掠淮甸邊報愈急似道占湖山之勝

作半間堂延羽流塑已像其中内殖貨利蠱聲色寵妾

葉氏本淑妃閣宫人也潘氏倪氏妓也取而有之令陳

振譚玉趙與𢫬等廣收奇器異寶聞余玠有玉帶發冢

取之劉震孫有玉鉤桶本安丙家物不獻罷去建多寶

閣日一登玩其間門客朝士稱功頌德頌説太平誇咸

淳為元祐尊似道曰周公諛言溢耳不復加意邉事

壬申

咸淳八年春詔舉廉律貪

馬庭鸞罷相葉夢鼎再相

夏五月張順張貴赴援襄陽襄樊自丁卯以來被圍日久生兵日增既築鹿門之役水陸之防日密築白河虎頭及思關以鍵出入之道自是孤城閉守者凡四五歲援兵往往扼關不克進所幸城中有宿儲可食然所乏者鹽薪布帛爾張漢英守樊城募善泅者寘蠟書於髻中藏積草下浮水而出謂鹿門既築勢須自荆郢救援既至隘口守者見積草多鉤致欲為焚爨用遂為所得

於是郢鄧之道復絶矣既而荆閫移屯郢州而諸帥重兵皆駐新郢及均州河口以扼要津又重賞募屯士得三千人皆襄郢山西民兵之驍捍善戰者求將難其人得民兵部轄張順張貴軍號張張貴為矮張所謂大張都統小張都統者其智勇為諸軍所服先於均州上流名中水立便寨造水哨輕舟百艘每艘三十人鹽袋布二百且令之曰此行有死而已至是溪水方生於二十二日稍進團山下越二日又進高頭港口結方陣各船置

火槍火炮熾炭巨斧夜漏下三刻起船出江以紅燈為號貴先登順為殿乘風破浪輕犯重圍至洪磨灘以上敵舟布滿江面無罅可入鼓勇乘鋭風斷鐵絙攢筏數百屯衆皆披靡以避其鋒轉戰一百二十餘里二十五日黎明抵襄城城中絕援久救至大喜及收軍獨失張順軍中為之短氣數月有屍浮而上被甲胄執弓矢者乃張順也

九月祀明堂賈似道為大禮使駕幸景靈宮回宿太廟

質明有司奏申嚴外辦請申玉輅大雨如注胡貴嬪之
兄帶御器械胡顯祖檢討開禧登輅遇雨乘逍遙子故
事面奏上白賈貫欲俟雨止登輅顯祖回奏平章已允
上遂冒雨乘逍遙子直入和寧門百官愕然莫知所以
禮成肆赦似道奏臣充大禮使而陛下舉動不得預聞
乞罷政即出嘉會門三降御筆勉留乃還朝鐫罷胡顯
祖出胡貴嬪為尼上為之泣下
癸酉

咸淳九年春正月詔舉士以明體適用之學

平地産白毛臨安尤多如銀線菜以相饋但挺直爾或

者謂白眚白祥之類是也

葉夢鼎罷相

二月元兵破樊城下襄陽文煥捍禦應酬備殫甚力糧

食雖可支吾而衣裝薪芻斷絶不至文煥徹屋為薪緝

闗為衣每一廵城南望慟哭城破遂以城降文煥獨守

孤城似道坐視而不救降於六年之後豈得已哉

御史陳伯大奏言科場弊倖百出有發解還省而筆跡不同者有冒已死人解帖免舉者請今後應舉及免舉人各於所屬州縣給歷一道親書歷首將來赴舉過省參對筆跡異同以防偽濫

賈似道奏自襄樊敗後累章乞出視師而陛下不許臣出今事勢如此非臣上下驅馳聯絡氣勢作急奔赴則大可慮者上曰師相不可一日離左右似道陽請出督陰諷朝廷留行但於中書省置機速房苟且條遏瑣而

已

文天祥知贛州兼江西提刑

樊城陷牛皋范大順張漢英死之

甲戌

咸淳十年正月己卯朔永新有氣如虹蜺自東門江中起橫貫一邑須臾變作錦紋狀遮蓋四門

省試士人各給一號書就省人姓名印押如衛士直入宮門之狀於門下兩處辨驗

不許登仕免舉至乙亥仍許登仕免舉

賈似道丁母憂歸越治喪

陳宜中簽書樞密院

詔賈似道起復

秋七月上崩上自為皇太子時以好内聞既立躭於酒色賈似道以策立功制國命上拱手而已初理宗議建東宮夢若有人告曰此十年太平天子上即位至崩正十年壽三十五上廟號曰度宗上崩議立長益王昰宰

相請立嫡遂以長子㬎即位太皇太后垂簾聽政改明

年為德祐元年

是歲殿試度宗以疾未及臨軒而崩上諒陰類試王龍

澤等比廷試出身策問求賢時似道方惡言者吉州人

胡幼黄以含和吐氣為説而榜第三士論恥之

冬詔天下勤王

九月元丞相巴延大會兵於襄樊丁亥沿漢江而下前

後延袤旌旗數百里水陸並進用我降人為向導吕文

煥等舟師出襄陽劉整等騎兵出淮泗萬户武顯等前鋒襲郢州至灤水時值雨淋漲溢無舟可渡遂駐兵於漂水之濱巴延大軍繼至武顯趨迎馬首告曰漂水泛溢軍馬懼其漂沒以故待之巴延曰此水小不敢渡敢渡大江耶竚鴈軍中召一壯士負甲使渡水而軍馬長驅悉渡遂至郢州軍於郢城之西郢城在江北岸以石為之高接山形矢石莫能近新城在江水中密樹樁木以絕舟楫往來下流黄家原置城守禦備具攻之不下

郢人堅守以戰船橫截江面不得渡文煥觀郢之形勢其黄家原堡西有溝渠深濶數丈霖雨月餘其水漲溢南通一湖至江甚近可令戰艦平達大江以避郢軍巴延諸將告曰郢城乃我之喉襟今不取而過後為歸路患巴延不聽忽報黄家原堡已尅而分兵圍郢不能下巴延遣兵治平江堰破竹為席地盪舟而過郢城遂入漢江自陸地牵舟迂行凡百餘里然後至水十一月戊子巴延大軍發郢城阿珠及諸將帥不滿百騎殿後而

進郢州都統趙文義帥精兵數千騎追之巴延阿珠回渡迎敵文義凡二十餘戰久而敗績文義死之巴延舟師忽自上而下遂至沙洋守將串樓王等堅壁不降巴延軍中有相士李國用者能祭風風遂大起巴延令砲手張元帥順風以火砲攻之煙焰燎天俄而城陷守將串樓王為其所獲巴延大軍由沙洋五里地遂至新城巴延令其軍衆以沙洋殺戮軍人首級列於城下執縛沙洋將串樓王等四人望城呼曰邉都統宜速歸降如

其不然禍在目前都統邉居誼堅壁不降巴延累遣人招諭居誼索文煥來打話文煥乘騎至城下城上弓矢如雨文煥中其右臂拒城避之居誼率所部三千人盡力死戰竟無一人歸附

巴延大兵至復州誘守臣翟貴曰汝曹知幾而降有官者仍居其官吏民安堵如故衣冠仍舊市肆不易秋毫無犯闗會銅錢依例行用安撫翟貴以城降

巴延大會諸將議渡江事遣總管劉深千戶馬福覶沙

湖水勢令諸將皆趨漢口渡江諸將以漢江水急且有守禦巴延不聽徑過淪河蔡店去漢口甚近是日圍漢陽軍取漢口渡江夏貴併力守禦巴延軍夜回淪河太皇有旨國步多艱沿江青野應三學及京學流寓遊學士人權與放散各令逐便

十二月辛亥巴延自漢口開壩引船入輪河轉至沙武口達於大江壬子巴延以戰艦相尾而至夏貴帥漢鄂舟師上流迎敵夜襲北營不克而還沙武口南岸防禦

甚至巴延遂趨陽羅堡

癸丑夏貴以戰艦數千列於大江之下橫其江面巴延軍不敢近乃遣人招諭諸將僉言我輩累受大宋重恩政當戮力死圖報功此其時也安有叛逆歸降之理備吾甲兵決之今日我宋之天下賭博孤注輸贏在此一擲爾巴延進兵攻陽羅堡城竟日不克巴延與阿珠謀謂宋將之心謂我必拔此陽羅堡可以渡江況此堡堅攻之不克若今夜令汝以鐵騎三千沿舟泝流而上趨

視其陣料彼上流雖有溝而不堅當為擣虛之計以來日詰旦且渡江襲南岸是夜阿珠統軍遂行於上流二十里泊於青山磯中夜帥舟戰於江中已登南岸巴延乃遣兵攻陽羅堡以舟師直衝我軍大戰江中夏貴敗績順流而下沿西南岸放火歸廬州是時其心已無國矣守將閭池王都統與所部八千人死戰中流矢而死陽羅堡乃江鄂屏蔽一帶有七伯拗風起則多利北舟欲守江鄂當守此堡此堡既失則鄂危矣巴延遣兵自

陽邏堡攻鄂州

戊寅下鄂州守臣張晏然降先是李雷奮為守十月以

臺論罷至是無正官張晏然守鄂所恃者朱禩孫之援

朱禩孫提重兵至鄂退歸江陵晏然失助鄂遂降矣

夏貴為江面遊擊策應大使朱禩孫為宣撫制置使夏

貴與朱禩孫通任長江之責夏歸廬州朱歸荆湖一上

一下中流蕩然全無備禦哀哉

癸巳上以賈似道為都督軍馬黃萬石李珏參贊軍事

檄召諸路軍馬聽督府調遣於封樁庫撥金十萬兩銀五十萬兩關子一千萬貫充都督公用時邊報轉急似道猶未有行意至德祐二年正月劉整死乃議出師保康承宣使閻桂獻銀一萬兩充招軍費王侯邸第輸助軍錢穀有差

天目山崩天目為杭之主山山崩則王氣歇矣

辛未度宗皇帝梓宮發引文武百官衰服出城奉辭靈駕

揚州阮克己糾集民兵義兵三萬勤王

分兵九路會合端明黄萬石屯兵江西侍郎趙溍屯兵

金陵江南開府夏貴屯兵淮西節使呰萬壽屯兵京湖

殿帥張彦廣德招討孫虎臣屯兵采石都統仇子真屯

兵宣城練使張世傑屯兵海道費克恭阮克巳屯平江

宋季三朝政要卷四

欽定四庫全書

宋季三朝政要卷五

少帝

乙亥

德祐元年春正月癸酉朔詔求言

張仲微兵部侍郎修國史

常楙擬昝太子申事乞為濟王立後不報

元兵順流而下沿江諸將多吕氏部曲望風降附至黄

州陳奕以城降至蘄州管景謨以城降至南康軍葉閶以城降下江州錢真孫以帥兼守舉城降九江為江西屏蔽陷則江西如破竹矣至安慶府范文虎乃吕氏之壻遂以城降

劉整死初整與文煥分兵南渡及是整無功發憤死於無為軍城下

丁亥賈似道出師建督戊子離京城以王鑰為左丞相以章鑑為右丞相陳宜中知樞密院當國小事專決大

事則督府遥制之似道集諸路兵共十三萬金帛緇重舳艫相銜百餘里由新安池口迂道而行數日始至蕪湖而舒池已降矣傳者以謂似道護駕入海以致諸郡先降二月戊午似道遣宋京使軍前請京與北使來要似道自往似道遣阮思聰代行及至思聰回知事不就惶怖失據陰備快船為走計辛酉屯丁家洲時大軍大勢衝下南北兩岸立砲座設划車中流數千艘乘風直進我師不利諸軍有反噬之意

似道遂許悉轉官資諸軍詬曰要官資做甚已未庚申官資何在似道不能答癸亥三鼓孫虎臣告急至似道舟中泣告曰追兵已迫夏貴亦曰彼衆我寡委難抵當垂泣而去似道鳴鑼一聲退兵於珠金砂十三萬軍一時潰散督府之印已失乃奔入揚州

徐直方除右正言

元兵破饒州守臣唐震為兵所害死於州治之玉芝堂

前丞相江萬里寄居饒州州人皆遁萬里坐守以為民望兵入其第赴水而死萬頃自南康來省兄遇兵不屈遂以礫死

破池州趙昂發蜀人以倅權守兵至與妻子訣其妻曰爾能盡忠吾獨不能為忠臣之婦乎寧相從於地下昂發大喜具冠裳大書十六字於倅廳春臺上曰君不可負臣不可降夫妻俱死節義成雙遂俱縊而死學有二士哭其屍曰生為大宋人死為大宋鬼何以洗此汚清

溪一泓水明日巴延丞相領兵入城見而憐之具衣衾葬焉乘勝順流至瓜州揚州都統姜才大戰揚子橋勝負相乘生兵益增遂退師

入太平州守臣趙之縉遁

入建康府沿江制置趙縉遁察院潘文卿劾縉取行宫公帑金帛棄城建康為江東重鎮則江東之勢去矣大兵至建康不進遣哨騎四出

趙淮趙葵子也起兵溧陽兵敗不降死之

張世傑率舟師趨金山約殿帥張彦竟不出世傑海舟無風不能動元兵水哨馬往來如飛世傑孤軍無援戰敗人艘皆沒哀哉

入鎮江府守臣洪起畏遁統制石祖忠以城降

入寧國府守臣趙與可遁言者謂與可為宋臣望風奔遁除名勒停以為不守封疆之戒

下徽州

韓震議遷都先是賈似道奏請遷都太皇太后不許及

韓震復申前議左丞相王鑰議堅蹕未決求罷不允徑

去宗學上書言陛下移蹕不於慶元則於平江事勢危

急則航海幸閩不思我能往彼亦能往縱使兵或可守

豈能鬱鬱求活於一龜兹國耶

三十日右丞相章鑑遁

三月壬申韓震謀遁遷蹕陰懐異志宜中與客潘希聖

議請計事伏甲士擊之以步軍指揮使領其衆震部曲

百餘人大閧而出射火箭入大内斫嘉會門宜中遣兵

逐之奔建康府

元兵至常州守臣趙汝鑒遁鈐轄戴之泰同士人王良臣以城降

前誤書曰常州守臣王宗洙遁今依奉上司行下備據常州路儒學勘當王宗洙先於亡宋咸淳年間為守癸酉年十二月解任代官趙汝鑒於至元十三年大軍臨城之時逃匿以州印付戴之泰同士人王良臣迎降其時王宗洙充大

府寺簿續除兵部郎官奉使福建即非王宗洙
在任再行移常州路保勘相同今依上改正
知江陰軍趙𤆬道遁
知廣德軍令狐降
京師戒嚴朝臣接踵宵遁人情洶洶知臨安府曾淵子
兩浙運副浙東提舉王霖龍機政文及翁倪普臺諫潘
文卿季可陳過徐卿孫侍從以下陳堅何夢桂曾希顏
等數十人並遁朝中為之空竦朝堂榜云我朝三百餘

年待士大夫以禮吾與嗣君遭家多難爾小大臣未嘗有出一言以救國者吾何負於汝哉今内而庶僚畔官離次外而守令委印棄城耳目之思既不能為吾糾擊二三執政又不能倡率羣工方且表裏合謀接踵宵遁平日讀聖賢書自許謂何乃於此時作此舉措或偷生田里何面目對人言語他日死亦何以見先帝天命未改國法尚在可令尚書省別具在朝文武官並與特轉二資其負國弃子者令御史臺覺察以聞具榜朝堂明

吾之意

癸酉陳宜中奏罷浙西公田給還元主

甲戌賈似道罷平章都督予祠似道遣翁應龍護都督

印歸朝上表自劾太后有旨令淮東帥李庭芝津遣賈

似道歸里終喪似道留維揚不行王鑰奏似道既不成

忠又不死孝乞下切責太后降詔畧曰卿亟其歸喪次

以盡臣子之道當曲予保全否則衆論益甚忠孝靡容

吾雖欲屈法申恩而不可得卿其明聽吾言善始以終

亦有辭於永世六月似道歸紹興府紹興府閉城不納

七月王爚奏乞正似道罪臺臣交章言似道喪師誤國之罪乞追竄嶺南方回言似道倖詐貪淫褊驕吝專忍繆十罪乞賜死乃降三官婺州居住廖瑩中王廷除名勒停韶州羈管王廷曾淵子並竄雷州言者不已似道改送建寧居住翁合奏似道以妬賢無比之林甫輒自托於伊周以不學無術之霍光敢效尤於莽操其總權罔上賣國召兵專利虐民滔天之罪人人能言臺諫交

章乞行遠竄迫於衆怒僅謫建寧切惟建寧實朱熹講道德之闕里雖三尺童子粗知向方聞似道且嘔惡唾去况可見其面如熹釋大學一章曰放惡不遠彼且稔惡所伏之地其民何罪必以禦魑魅而後已夫與之同中國且不可而可一日與之同此鄉必放之此鄉此鄉亦獨何罪巷伯惡惡之詩曰投畀有北有北不受而終曰投畀有昊蓋有北決所不受則付與昊天惟天得制短長六合爾此則陛下事乞將似道遠竄深廣以申國

法以謝公論有旨責授高州團練副使漳州居住下臨
安台州簿録其家似道寓建之開元寺欲俟秋深入南
朝廷遣鄭虎臣監押至則拘似道行孝制其出入節其
飲食凌辱百端似道不勝其苦舟次南劒黯淡灘虎臣
曰水清甚何不死於此曰太皇許我以不死候有詔即
死冬十月至漳州木綿庵虎臣悉拘其子與妾於别館
即厠上拉其胸殺之殯於庵側
辛巳張世傑入衛京師内空賴張世傑一軍萬人自荆

湖至世傑本信安歸正人權承宣使宜中疑世傑易其所部之軍世傑不得以盡其力

陳宜中拜右相似道出督以宜中受卵翼之恩且柔順易制委以國賈敗宜中首劾賈罪以自解拜右丞相宜中當國首誅韓震脅遷之議差強人意然書生不知兵張世傑步將也使提舟師劉師勇水軍將也使提步卒用非其才卒致誤國

元兵至平江府守臣潛越友遁通判胡玉以城降

至安吉州守臣趙與立降江上列城或降或遁無一人堅守

四月王爚平章軍國重事性剛介似道當國獨不阿附再召入朝累疏乞正賈罪其他無所建明八月力請致仕尋卒

陳宜中都督軍馬奉吉建督於京檄召諸路軍馬勤王幷令潰軍各歸所部淮東隸李庭芝淮西隸夏貴沿江隸汪立信京湖四川隸朱禩孫江西隸黄萬石節制團

結内外兵十七萬五千人分廂差寄居官為總督給一
兵赴教場教閲
司馬夢求監江陵沙市鎮鎮在江濵江陵之外城也夢
求請築沙市城北兵次沙市鎮統領程文亮降夢求戰
死夢求漢州人温公五世孫也
元兵至江陵府高達以城降高達京湖名將也已未解
圍鄂州似道許以建節後竟不與達怨望久矣至是為
京湖制置遂降宣閫不能制城初陷朱禩孫仰藥不得

殁既而亦降焉乃令朱禩孫移文諸路歸附

鼎州澧州常得府壽昌軍並下

至湖南園潭州安撫李芾與大兵戰於醴陵得捷守城

攻之不克

五月太皇太后詔諭吕文煥等轉達軍前息兵通好

張彦劉師勇復常州王良臣敗走

復廣德軍

徵諸帥入衛夏貴昝萬壽黄萬石並不至吕文福先於

四月間請提兵入衛行人失辭文福自疑亦不至有司
議建藩屏以强王室詔以福王與芮判紹興府浙東安
撫大使置長史司馬

六月庚子朔日有食之既是時天地晦𡨋咫尺不辨人
雞鶩歸䕶如暮夜自巳至午其明始復太皇太后下詔
求言去聖福二字用昭戒謹恐懼之意

陳宜中左丞相劉夢炎右丞相陳文龍黄鏞僉書樞密
院事謝堂鎮撫使家鉉翁知臨安府

文天祥刑部尚書趣赴行在

夏貴淮東制置知揚州朱煥淮西制置知廬州召李庭芝赴行在夏貴不受代李庭芝閉門自守

九月明堂

文天祥入衛先是四月間天祥募兵於贛州天祥時為江西提刑台州杜滸將吉贛千人從之至是將民兵及峒丁二萬人至京衣裝器械畫具時宜中去位夢炎獨相意不相樂乃以天祥守吳門除江浙制置使知平江

府
張濡守獨松關殺萬户希賢元用我叛將王良臣以兵攻常州知府姚訔統制劉師勇王安節守城不克十月常州告急文天祥遣將尹玉朱華張全麻士龍赴援戰於五木敗績張全不發一矢尹玉麻士龍死之尹玉江西將也與良臣戰殺數十人復收殘兵五百與北兵相持又一夕手殺七八十人遂死麾下無一肯降朝廷贈濠州團練使廟食贛州官其二子常州不下士良役城

外居民運土築堡土至併人填陷其中又殺常州之民

數百人煎膏取油作砲擲於牌杈上以火箭射之其火

自發十一月常州糧盡劉師勇以八騎突圍出奔平江

遂破常州屠其城知州姚訔死之生獲將軍王安節不

屈而死訔乃姚希得之子安節乃節度使王堅之子

十月陳宜中再相團結京城民丁及招年十五以上者

為軍號武宣軍長不滿四尺觀者寒心宜中本無經綸

之才八月以母老為辭竟回永嘉忠孝之誼兩無所據

九月詔趨入朝至是國事已去不可為矣

家鉉翁同簽書樞密院事謝堂知臨安府

賜太學生張景忠等並出身

瑞州先下遣姚計議來隆興說降劉槃拒之

十一月壬午元兵至隆興府劉槃引兵出城累戰不利

乃以城降下撫州時制置黄萬石開閫撫州聞兵至遁

入閩都統密佑迎敵就擒嚼舌罵聲不絶而死施至道

以城降建昌相繼而下破廣德軍攻平江府通判王矩

之以城降至桐闗去杭百里我師敗績

獨松闗告急召文天祥入衛天祥自吳門還遣守獨松闗時天祥軍三萬張世傑五萬諸路勤王猶有四十餘萬天祥與世傑密議今兩淮堅壁閩廣全城王師與之血戰萬一得捷則罄兩淮之兵以截其後國事猶可為也世傑大喜遂議出師獨宜中沮之曰太皇降詔以王師務宜持重為説遂止

十二月元巴延丞相領兵屯平江進屯長堰宜中遣使

議和見巴延於長堰巳而不如約故大兵逕至高亭山宜中蒙蔽外庭而三官若罔聞知
遣使納降表直學士高應松乃以京局官劉褎然直學士院草之自似道喪師後至今十餘月國事危急將士離心兵出屢衂朝廷方且理會科場明堂等事士大夫陳乞差遣士人覬覦恩例一籌不畫及是束手無措乃議納土求封為小國賫降表奉使燕京哀哉
詔文天祥罷兵

太皇詔南北講和京城内外民兵罷團結

柳諤奉降表至高郵軍嵇家庄為嵇聳所殺

丙子

德祐二年正月謝堂僉書樞密院事文天祥浙西制置

知臨安府

十二日秀王與擇奉皇兄廣王昰皇弟益王昺出宫航

海

張世傑欲護駕入海乃去朝

元丞相巴延領兵進高亭山去城三十里北使請執政
軍前議事文天祥請行陳宜中夜遁十九日除文天祥
右丞相兼樞密院天祥辭不拜乃以賈餘慶為右丞相
吳堅為左丞相謝堂樞密院家鉉翁參知政事劉岊同
知樞密院事侍從文贊公出天祥曰國事至此吾不得
愛身翊日以資政殿大學士行至高亭山見巴延丞相
天祥抗辭慷慨議論不屈遂留之不使歸南
北兵進屯北關門外呂文煥范文虎九騎入城謁太皇太

后

是月鎮巢軍曹旺無為軍劉權並降二十日巳延丞相入臨安府請太皇太后降令太皇降詔江南諸郡歸附各郡付一省劉吳堅一如賈餘慶之命惟家鉉翁不書名程雄飛作色欲縛鉉翁鉉翁叱曰中書無縛執政之理遂止

遣使祈請朝廷自十二月至二月信使往來和議未決北使請宰執親往燕京朝覲乃以吳堅賈餘慶謝堂家

鉉翁劉岊五人詣大都為祈請使二月初九日賈餘慶等登舟是日吳堅出北關門外送諸州登舟時傳巴延丞相命留吳相登舟偕行是日會文天祥於軍前辭氣益壯

初十日謝堂納賂還十一文天祥自北寨登舟同特穆爾萬户至二十九日舟次鎮江文天祥乘間逸去三月初一日早方知文丞相脱閉城三日索之不見收從人幹僕并所差館伴者囚之閏三月初十日至燕京宿會

同館十四日賈餘慶薨

二月丙申朔巴延丞相傳旨收城軍器

北使請傳國璽以監察御史楊應奎宗臣趙若秀為押

璽使

丁未索宮女内侍樂官諸色人等宮人守節而死者甚

衆

乙卯北使請三宮北遷丁巳宋少帝全太后出宮太皇

太后以疾留大内隆國夫人黄氏朱美人王夫人以下

百餘人從行福王與芮參政謝堂高應系駙馬都尉楊
鎮臺諫阮登炳鄒珙陳秀伯知臨安府翁仲德等以下
數千人太學宗學生數百人皆在遣中二宮過真州苗
再成奪駕幾奪去閏三月二十四日至燕京吳堅等出
迎居會同館四月己丑朔吳堅等先赴上都十五三宮
赴上都丁巳沂王薨五月丙申見大元皇帝於行宮焉
太皇太后卧病主者自宫中舁其牀以出衛者七十人
從行八月乃行降封為壽春郡夫人至燕七年而崩

全皇后為尼於正智寺

少帝降封瀛國公

臨江軍陷權守滕岩瞻遁

潭州陷李芾守潭竭力備禦凡八九月其間出戰屢捷

而大兵之攻日增芾不能支是歲正月城破芾命積薪

樓下於是攜家人盡登樓大宴積金銀於兩畔芾與館

客坐中其餘列坐左右酒半酣命喚二劊子來既至則

令將此金銀去與你家曰取法刀來一不肯受一會意

徑受之擕去分付家人畢須臾將法刀至帯呼之至前分付先從頭殺入到尾殺我待我點頭時下手復飲酒良久點頭惟館賓與一妾墜樓而走妾折一足最後李帥伸頸受刃此劊子遂四面放火自刎其腹而死從死者七十餘人劊子姓沈名忠亦可謂烈丈夫矣

尹穀潭州人除知衡州未之任潭州陷自火其廬舉家赴火死

蘇固伭元帥至吉州權守周天驥以城降

循浙東至嚴州知州方回降

至處州知州梁信降衢婺等州並下

夏貴馳入燕京獻淮西諸郡貴既失長江惟恐督府有

成罪無所逃又恐孫虎臣以後進為將有功總統出已

上日夜幸其敗覆督府既潰貴歸廬州不出朝廷屢詔

不出若罔聞知國亡乃以淮西全境歸附為已功焉

李庭芝守揚州廣王登極除庭芝為右相棄揚州引兵

輕出至泰州欲航海至海州大兵追及阿珠元帥斬於

軍前朱煥以揚州城獻姜才死之才淮之猛將前後出師屢收大功乙亥春戰於瓜州不利丙子二月太皇差吳忠胡孫通直領北兵數千至揚州行至揚子橋砲聲連發繼至城下一砲震天城上旌旗雲擁軍馬屯集放劄車弩箭如雨再一砲響雲氣四合冷風大作驟雨隨至遂回三月三日三宮過揚州才統軍數千奪駕繼以兵馬相拒而退初四日才出揚州北門領兵擁出分陣殺奪交傷不少博囉相公親臨陣大戰方退才意欲奪

駡不知乃諸將之過北也至八月大軍圍揚州大戰之日才身生九疽不可掛甲遂敗被執臨刑含血駡聲不絕而死

苗再成守真州部將有趙孟錦者為將領北軍攻真州每戰輒先士卒苗再成倚之嘗乘大霧襲北營霧解北軍見其軍少逐之登舟失足墜水中甲重遂溺城破再成死之

泰州陷孫虎臣弟良臣降虎臣死之通州相繼而陷

建德府陷方回降

元改臨安府為杭州

宋季三朝政要卷五

欽定四庫全書

宋季三朝政要卷六

廣王本末

陳仲微咸淳為侍左郎官以言事切直罷乙亥除兵部侍郎修國史丙子從二王入廣目擊當時之事遂日抄録崖山敗流落安南臨歿有詩曰死為異國他鄉鬼生是江南直諫臣安南國王以詩挽之曰痛哭江南

老鉅卿春風揾淚為傷情無端天上編年月不管人間有死生萬壘白雲遮故國一堆黄壤覆香名回天力量隨流水流水灘頭共不平壬午歲安南國使入覲因言仲徵之事而得仲徵所著二王首末重加編次以廣其傳

丙子

正月戊寅廣王益王航海

二月廣王益王由海道趨温州二王駐温州之江心寺蘇劉義陸秀夫來會時陳宜中海船泊清澳門諸人往見之共議興復張世傑自定海至同趨三山

三月甲戌二王至福州宣太皇太后手詔廣王昰為天下兵馬都元帥益王昺為副元帥檄召天下諸路忠義同奬王室

五月一日廣王登極於福州升福州為福安府改威武軍為行都之門大都督府為垂拱殿便廳為延和殿詔

改元以德祐二年為景炎元年

遙上尊號太皇太后曰聖壽和福至仁太皇太后全太

后曰仁安皇太后少帝曰孝恭懿聖皇帝進册母淑妃

為皇太妃封弟益王昺為衛王妹壽和公主為晉國公主

以九月二十八日為天熙節

陳宜中左丞相張世傑少保樞密副使陳文龍劉黼參

知政事蘇劉義開府儀同三司殿前指揮使司馬王剛中

知福安府事是日百官待漏門外門未啟有物哮吼聲朝

士有驚仆者

黃萬石以北命諭福建歸附卲武降建劍守臣拒之督府遣兵復卲武萬石遁

壬戌文天祥至自行都除右丞相時國方草創陳宜中專制於張世傑議論不合遂不肯拜議出督

六月以趙溍為江西制置使進兵卲武謝枋得江東制置使進兵饒州李師䕫方興張德分道進兵淅東朱浚江西詔諭使毛統由海道至淮約兵會合先是文天祥

自通州歸具言太守楊思復欲得海船數百艘可以直趨勤王陳宜中不以為信乃遣毛統之汀州而不以告天祥統至通州守問文丞相何以無書守怒統幾不免統出而通州降矣

七月文天祥開督於南劒時林琦自杭來監丞鄒鳳自衢來一時忠義之士莫不翕集

鄒鳳江西招諭副使

分上下三郡備守以王績翁為福建提刑招捕使知南

剱州任責上三郡備守黄佺同提刑招捕知漳州任責
下三郡備守
九月文天祥進兵汀州十月行十一月至汀州而行都
隨陷矣
十月元兵三道趨福州董右丞鄂囉齊蒙固岱都督索
多元帥張宏範萬户等兵出江西淅東阿喇哈元帥王
世強招討舟師出福州
大兵直至處州守臣李珏遁

十一月董右丞至瑞安府趙與檡李世達等禦之敗績

世達遁趙與檡退屯福安城遂降

鄂囉齊軍至卲武朱浚趙時賞遁至建寧府執趙崇礠

張彭老至南劒州王績翁遁

元兵逼行都陳宜中張世傑備海舟於岸乙巳奉景炎

帝益王楊淑妃等登舟戊申發舟入海是時正軍十七

萬民兵三十萬有奇内淮兵一萬由東港入海與北舟

相遇值天霧晦冥不辨舟得以進至泉州問蒲壽庚索

軍粮不及應副遂趨潮州至惠州之甲子門駐焉

癸丑阿喇哈王世強舟師至福安府王績翁為内應王

剛中以城降

朱浚仰藥死

文天祥將兵趨廣東入淅

十二月景炎帝至廣州守臣薛應龍運使姚良臣迎入

州治作行宫

張鎮孫除廣東經略使後死於難

元董右丞軍至福安縣趙與檡拒戰敗績死之

己丑元兵攻興化軍知軍趙文龍不降被執至泉州蒲

壽庚降至漳州知州黄佺通判楊丙以城降至惠州文

璧降璧天祥弟也

徐直諒遁

景炎帝趨於富塲

丁丑

正月文天祥引兵趨漳州謀入衛道阻不通

二月元兵檄戍改福安府為福州置宣撫司以潛越友王績翁為副使李雄統領諸部軍後李雄作亂殺潛越友大兵皆去不留一騎

三月文天祥入梅州

四月蘇劉義卒蘇京湖老將雖出呂氏乃心在王室永嘉推戴實建大功後世傑用事志鬱鬱不得展其人剛躁不可近然能服義終始不失大節而廣中癘氣傳染而死哀哉

五月文天祥兵出梅嶺吉贛兵皆來會六月大捷於雩都

復興國縣於是駐屯遣兵攻贛州諸縣皆復惟城不下龍

泉縣孫㮚以邑歸正遇害水新縣令彭震龍以邑歸正遇

害架閣蕭明以贛縣義兵收復萬安縣被執死於洪督幹

陳子敬招集義兵屯皂據贛下流吉水永豐以次皆復

前京尹吳浚以北兵說降天祥集將吏責以大義斬之

淮西兵復黃州復壽昌軍

六月文天祥兵至吉州戰於終步不利戰於永豐又不

利戰於空坑大敗未幾攻贛之兵又敗行府孤立空坑之敗全軍陷沒天祥妻歐陽氏男佛生環生女柳娘環娘妾黃氏顏氏被執幕僚張汴等皆死江西招討趙時賞寺簿劉洙架閣吳文福督幹林棟皆遇害天祥與長子道生客杜滸以數騎免時處置安撫聚兵數萬在永豐境天祥引兵就之會其軍亦潰收散兵復入汀而南劔建寧邵武多有歸正者諸畬軍皆騷動尋為元帥大兵收復天祥兵出會昌趨循州是冬天祥兵屯南嶺是

月元兵檄戍張世傑同潮州以圖興復

七月壬申張世傑圍泉州將淮軍及弔眼許夫人諸洞畬軍兵威稍振蒲壽庚閉城拒守興化陳瓚起家丁民義五百人應世傑

八月謝洪永任進攻泉州南門不克而蒲壽庚陰賂畬軍攻城不力而求救於索多元帥王績翁遣人至唆都處趨兵

十一月丙申索多元帥大兵至福州甲辰至興化守臣

陳瓚不降城陷大軍屠城三時乃止血流有聲車裂瓚五門以徇至泉州張世傑解圍去至潮州守臣馬發堅守不下索多元帥棄而之惠州與西省呂師夔軍會合攻廣州城陷張鎮孫死之

大軍至次仙澳與戰得利尋望南去止碙川碙川屬廣之東莞縣與州治相對但隔一水

十二月景炎帝舟遷於謝女峽陳宜中振拖之占城

戊寅

正月遣舟師防遏海道

己酉索多元帥自廣州回再攻潮州馬發固守凡半月

至二月癸亥城陷馬發死之屠其城

二月大軍檄戍景炎帝由海道再回廣

三月文天祥兵出惠州海豐縣駐麗江

四月戊辰景炎帝崩於碙川

衛王本末

戊寅

四月庚午衛王即位於硇川景炎帝既崩官將欲散獨尚書陸秀夫不可曰諸君散去可也度宗一子尚在將焉寘此古人有一城一旅興者今百官有司軍士亦且萬餘人若天道未絶趙祀此豈不可為國耶乃相與奉衛王即位於柩前

改元祥興時有黄龍升天

以陸秀夫為丞相張世傑太傅文天祥少保

六月祥興帝遷於崖山崖山在海中兩山相對勢頗寛

廣中有一港其口如門可以藏舟世傑以為形勝之地

乃屯駐於此

造行宫六月入山伐木造軍屋千間起行宫三十間内

正殿以楊太妃故立名慈元殿時官民兵除逃竄死亡

外猶計二十萬多於船上住坐資粮取辦廣右諸郡海

外四州

拘刷人匠葢海院造船隻治兵器自六月至十月始罷

十月文天祥引兵至潮陽平羣盜人心翕然

大兵至崖山張萬户舟師自海道入廣過崖山有龍横海舟不得前射之雲霧晝晦遂退攻潮陽

姚良臣為右丞相夏士林叅知政事王德同知樞密院

張德為殿前都㸃檢

十一月文天祥兵潰被執時元帥張宏範以水陸兵奄至潮陽天祥引避山谷行且數日宏範以輕騎直趨奄其不備天祥被執服腦子二兩昏眩久之竟不死越七日至帥營天祥踴躍請劍曰此吾死所也元帥必欲以

禮見天祥曰吾不能跪吾嘗見巴延阿珠長揖而已或曰奈何不拜天祥曰吾為國死何拜爾為張知不能屈遂以平揖相見葢歲除前三日也明年正月二日張元帥脅天祥下海州十日至崖山元帥令天祥以書招世傑天祥曰我不能救父母乃教人背父母得乎有死而已不能從也乃作詩復命云人生自古誰無死留取聲名照汗青忠國之心終始弗替元帥又謂天祥曰國亡矣政使殺身為忠誰復書之天祥曰商非不亡夷齊自

不食周粟人臣各盡其心何論書與不書元帥為之改容乃驅之過北道經吉州痛憤不食八日不死乃復食十月至樞密院引問天祥酬對不屈繫獄月餘再引問愈不屈留燕經年至至元壬午朝廷賜死猶南面而跪念念不忘君父若是耶張毅甫負公骨殖歸葬至之日母夫人之柩同日至自廣州人謂忠孝所感天祥年四十七而歿為人豐下兩目烱然善談論有忠孝大節自起兵勤王以至臯亭引見議論不屈忠肝義膽出於至

誠聞之莫不興起驅之北行京口得脱閒關萬死由海道還國赤手起兵又經三年江西之役大事幾集英雄無用武之地卒以困敗或謂子明知其不可為而為之譬猶父母有病證已難療治豈可聽其自斃而不求醫投之匕劑猶望其可以更生是烏可以成敗論哉所居對文筆峰自號文山為文章未嘗屬稿引筆滔滔不竭尤長於詩有指南吟嘯集行世妻歐陽氏亦守節而死天祥為祭文曰忠臣不事二君烈女不更二夫天上地

下惟汝與吾天祥弟壁知惠州奉母夫人就養歸附後歷廣西宣慰使天祥歎曰兄為國弟為家各行其志云

丁未葬景炎帝於崖山

己卯

正月辛酉大兵攻崖山張世傑不守山門集舟千餘作一字陣禦之而大兵入山門作長蛇陣對之崖山有船千餘艘內大船極多張元帥大小船五百而二百舟失道久而方至行朝依山作一陣幇縛不可復動於是不

可以攻人而專受攻矣張元帥至崖山港外停舟喚張世傑打話不從又令文天祥以書諭世傑天祥不從時陳宜中如占城乞師久不還張元帥語崖山人曰汝陳丞相已去文丞相且為我所執汝何戰云約二月初六日大戰

二月癸未我師敗績大元軍絶其薪水道崖山人食乾飲鹹者十餘日皆疲乏不能戰大元軍乘潮而進兩軍大戰半日南軍大敗世傑乘霧雨昏冥擁祥興帝及楊

太妃脱去

丞相陸秀夫抱宋衛王赴海死陸秀夫字君實文筆英妙自維揚幕入朝京師永喜推戴有力及駐崖山凡朝廷事皆秀夫潤色綱紀之秀夫至此知無可奈何乃取舟中物悉沈之仗劔驅其妻子赴水妻挽舟不可赴水秀夫曰爾去怕我不來於是登御舟啟上曰國事至此陛下當為國死太皇后辱已甚陛下不可以再辱抱宋衛王俱投水中御舟一白鷴奮擊躑躅哀鳴良久竟與

籠俱墜水中内翰劉鼎孫侍郎茅湘吏部趙樵等溺者數萬張世傑奉楊太后以小舟奔四日遇大風舟將及岸矣舟人催舟師疾進世傑曰無以為也為我取瓣香來香至仰天呼曰我所以為趙氏者亦已至矣一君亡復立一君今又亡矣我奉皇太后走者庶幾敵兵退別求趙氏立之以存趙祀耳今若此天意果何如耶若天不欲我復存趙氏祀者則大風覆吾舟舟遂覆

宋傳天下以仁而國勢嘗病於不振孝宗自謂我朝

家法遠過漢唐惟用兵一事不及蘇洵論勢亦謂惠
褻而威不振賞數加於無功敗軍之罰不加嚴弱勢
浸淫其來非一日然渡江以來君無失德理宗朝四
川殘害三面被兵淮甸擾攘雲南有警左支右吾猶
能扶持四十二年之天下度宗嗣位一國之事權奸
賈似道實專之度宗崩太皇太后與幼君不過建空
名於六服之上且如己未庚申渡江東南之危如一
髮之引千鈞似道在鄂城下之盟許納歲幣而大元

之師始歸似道乃欺理宗詭曰戰勝而歲幣又食前言及大元遣使責償拘留真州不報又遣使荆湖而似道又留之漢陽之純口始則請盟終則背盟似道知之天下知之獨朝廷不之知爾宋太祖常曰宰相須用讀書人似道以寵妃之弟不學無術處非其據無休休有容之量而忌嫉之念横於胸臆好諛惡直進佞退賢粉飾太平諱言邉事殺功臣以失士大夫之心行公田以斂江浙之怨主推排以騷動東南之民造

士籍以鉗制東南之士庇敗將則將校之心離吝軍劵則軍旅之心叛日積月累無非失人心之事人謀之不臧如此雖然國之興亡亦有天數與天理存焉爾邵雍著皇極經世書推明皇帝王伯之數有元會運世之說謂冬復為春世復為元今大元涵一揭宋之土地而歸職方國號曰元年號曰元豈非世復為元之數乎宋以周顯德七年受禪至十六傳而幼君名顯改元德祐合顯德二字彰著於命名改號之間

人不之覺豈非數之終於此乎前宋以丙午丁未而遭金禍推論五行者謂宋以火德王故能水勝火其後丙午丁未則上下兢兢以度厄運今以丙子丁丑歸大元豈非子者午之對丑者未之對而納音亦有水勝火之義乎宋有天下圖讖久有過唐不及漢之說漢四百一十一年唐二百八十六年宋自建隆庚申開基至德祐乙亥凡三百一十六年豈非過唐不及漢之應乎此天數之應如此宋太祖受周太后恭

帝禪杜太后將終召太祖曰汝自知所以得天下乎政由柴氏使幼兒主天下羣心不附若周有長君汝安得至此豈料三百年後似道貪權利於立幼卒至覆國是亦其初取於孤兒寡婦之報也宋待柴氏最厚事太后如母撫幼君如子恭惟大元待宋后幼君禮意猶篤是亦其初待柴氏之報也國既為宋柴氏族屬並無誅戮崇義之封終三百年如一日今大元於趙氏族屬一無所問亦其初不殺柴氏之報也太

祖之入京城兵不血刃市不易肆列國諸郡聞風而
降今大元兵鋒所至降者不殺過江以來迎降恐後
郡縣城邑市井依然是亦其初不妄殺人之報也此
天理之報者如此宋太祖生於丁亥以庚申歲建國
命曹彬平江南王師係甲戌歲渡江以乙亥丙子而
平江南丙子歲是為開寶九年今大元太祖聖武皇
帝亦生於乙亥以庚申歲即位命巴延平江南大軍
亦係甲戌歲渡江以乙亥丙子而平江南丙子歲是

為至元十三年宋太祖得國之時有識云十一卜人小下月十五團圓十六缺至幼君恰十六傳亦非偶然國之興亡係乎天數而亦關乎人才之盛衰太祖開基人才輩出列聖相承國致平治自王呂擅權章蔡用事小人夤緣為姦或為爪牙或為鷹犬或號傳法沙門或稱護法善神釀成靖康之禍高宗中興倘無張韓劉岳之徒幾不可為國矣而時有中興之臣而無中興之君惜哉度宗以來內無賢相外無良將

雖有忠良之臣反擯弃而不用束手待斃可為長太惜可為流涕者也然忠節之士何代不有疾風知勁草板蕩識純臣語曰無求生以害仁有殺身以成仁孟子曰捨生而取義信哉葢死者人之所難而得其死者尤難也主憂臣辱義在必死夫食君之禄死君之難不以生死易其節此誠烈丈夫也嗚呼故臨難守節者常足以動敵國之敬歎葢忠義亦人心所固有也苻秦之攻晉也嘗歎曰周孟威不屈於前丁彦

遠潔已於後吉祖冲閉口而死何晉氏之多忠臣也金人攻宋見李若水死節歎曰南朝惟李侍郎一人然靖康之難死節五十餘人忠魂義鬼至今耿耿斗牛間史為直筆安能為斯人隱今大元混一識天時而歸附者固皇帝之所嘉盡臣道而死節者亦皇帝之所重豈可弃而不錄哉其間死城郭封疆者固不能盡知其所知者若李芾死於潭天祥死於北庭芝死於兵唐震昴發死於郡治江萬里徐應鑣鄧得遇

尹穀赴水死謝枋得不食死朱浚仰藥死其他如姜才孫虎臣邊居誼牛皐范大順張漢英趙文義王安節馬塈馬發陳瓚米立趙孟錦司馬夢求其中儒臣死節尤表表在人耳目閒歐陽修作五代史謂吾於死節之士得二人焉今數人者史氏亦當以歐陽之筆表而出之庶可發潛德之幽光云

宋季三朝政要卷六

總校官進士臣程嘉謨
校對官中書臣康儀鈞
謄録監生臣朱上林

圖書在版編目（CIP）數據

宋季三朝政要 / (元) 佚名撰. — 北京：中國書店，2018.8

ISBN 978-7-5149-2035-2

Ⅰ. ①宋… Ⅱ. ①佚… Ⅲ. ①政治制度史－研究－中國－宋代 Ⅳ. ①D691.21

中國版本圖書館CIP數據核字(2018)第080025號

四庫全書·編年類

宋季三朝政要

作者　元·佚名撰

出版發行　中國書店

地址　北京市西城區琉璃廠東街一一五號

郵編　一〇〇〇五〇

印刷　山東汶上新華印刷有限公司

開本　730毫米×1130毫米　1/16

印張　19

版次　二〇一八年八月第一版第一次印刷

書號　ISBN 978-7-5149-2035-2

定價　六八元